D1996907

Richard Rohr

Nur wer absteigt, kommt auch an

Richard Rohr

Nur wer absteigt, kommt auch an

Die radikale Botschaft der Bibel

Aus dem Amerikanischen übersetzt
von Susanne Schmid

Claudius

Titel der amerikanischen Originalausgabe:
Richard Rohr, The Path of Descent (4 CDs)
Center for Action and Contemplation, Albuquerque, New Mexico 2003
© CAC

Bibliografische Informationen Der Deutschen Bibliothek
Die Deutsche Bibliothek verzeichnet diese Publikation in der Deutschen Nationalbibliografie; detaillierte bibliografische Daten sind im Internet über <http://dnb.ddb.de> abrufbar.

© Claudius Verlag München 2009
Birkerstraße 22, 80636 München
www.claudius.de

Das Werk einschließlich aller seiner Teile ist urheberrechtlich geschützt. Jede Verwertung außerhalb der engen Grenzen des Urheberrechtsgesetzes ist ohne Zustimmung des Verlags unzulässig und strafbar. Das gilt insbesondere für Vervielfältigungen, Übersetzungen, Mikroverfilmungen und die Einspeicherung und Verarbeitung in elektronischen Systemen.
Umschlaggestaltung: Sibylle Schug, München, unter Verwendung eines Bildes von Eberhard Münch, Ohne Titel, 2007, Mischtechnik, © Präsenz Kunst & Buch, 65597 Hünfelden-Gnadenthal, www.praesenz-verlag.de
Druck: Druckhaus Thomas Müntzer, Bad Langensalza

ISBN 978-3-532-62387-9

Inhalt

Die Botschaft der Bibel

Eine zentrale Rolle in der Ökumene spielt das Evangelium. Beim gemeinsamen Interpretieren biblischer Texte sind die kleinlichen konfessionellen Eigenarten kaum wichtig. Der Katholizismus hat die Bibel in der Vergangenheit bedauerlicherweise wenig wertgeschätzt und tut dies leider immer noch viel zu wenig. Ich habe in meinem Leben immer versucht, die großen Themen der Schrift in den Mittelpunkt zu stellen, um damit den Katholiken, ja mehr noch, den Christen im Allgemeinen, zu helfen, die Macht der biblischen Tradition zu erkennen und anzuerkennen.

Die biblische Metaerzählung, also das Thema, das allen Erzählungen zugrunde liegt, ist so offensichtlich und so beständig und dennoch übersehen wir sie häufig. Wir achten auf ganz anderes als auf diese überwältigend offensichtliche Botschaft. Wie konnte es dazu kommen, dass wir das Wesentliche übersehen?

Man könnte annehmen, dass Gott das große Thema der Bibel ist. Doch Gott wird in der Bibel nicht infrage gestellt, er wird schlicht vorausgesetzt. Die Frage lautet nicht, ob es ein transzendentes Anderes gibt. Diese Frage gilt als geklärt. Man weiß also, dass es Gott gibt; das Problem besteht jedoch darin, wie wir in Kontakt zu diesem transzendenten Anderen kommen und bleiben. Es geht um den – wie ich ihn nennen möchte – Weg des Abstiegs.

Abstieg – Exodus – Exil

Die traditionell christliche Sprache, beispielsweise die Begriffe „Erlösung“ oder „Errettung“, ist so abgegriffen, dass ihr jede Aussagekraft fehlt. „Abstieg“ dagegen ist ein kraftvolles Wort, das uns neu hinhören lässt. Ähnlich kraftvoll sind die Begriffe „Exodus“ und „Exil“. In diesen beiden Worten steckt die gesamte Botschaft der hebräischen Bibel. Zu Beginn befindet sich das Volk Israel auf dem Exodus und kaum hat es ihn hinter sich und versucht, sesshaft zu werden, da führt Gott es ins Exil. Nur im Exodus und im Exil können die Menschen etwas lernen. In der Sesshaftigkeit lernt man nichts. Christen bezeichnen dasselbe Phänomen als den „Weg des Kreuzes“. Die Wüstenväter und Wüstenmütter nannten es den „Weg der Wüste“. Der entsprechende Begriff im Philipperbrief lautet „Selbstentleerung“.

Der Verlust der Botschaft

d. Phillipus-Hymnus

Und was haben wir aus dieser kraftvollen Botschaft gemacht? Eine unbedeutende persönliche Tugend namens Demut! Wer kennt das nicht: In jeder Gemeindeversammlung klingen den Menschen in der Schlange vor dem Buffet die Worte in den Ohren: „Die Letzten werden die Ersten

Das Christentum ist die einzige Weltdeutung, die uns lehrt zu gewinnen, indem wir verlieren.

sein und die Ersten werden die Letzten sein." Es heißt also, sich ganz bescheiden hinten anzustellen. Ein liebgewordener Gedanke, aber er zeigt zugleich, wie sehr wir die Botschaft simplifiziert haben.

Das Christentum – wenn es sich denn wahrhaft auf Jesus beruft – ist die einzige Weltdeutung, die uns lehrt zu gewinnen, indem wir verlieren. Das menschliche Ego kann damit naturgemäß nichts anfangen. Wir wollen gewinnen, indem wir gewinnen. So funktioniert die menschliche Psyche. Entsprechend diesem Gewinnstreben verbringen wir die meiste Zeit damit, zu klassifizieren, abzugrenzen und die Menschen für ihre Schattenseiten schuldig zu sprechen. Darauf hat Jesus niemals Zeit verschwendet, denn er richtet sein ganzes Augenmerk auf das Ich-Selbst und nicht das Schatten-Selbst.

Die Metaerzählung der jüdisch-christlichen Tradition ist im Lauf der Geschichte immer mehr in Vergessenheit geraten und das hat direkt – ich halte das nicht für übertrieben – zu dem geführt, was wir in der heutigen Politik sehen, was globale Katastrophen auslösen wird und was wir auch in den Kirchen beobachten können. Wie viele Menschen, besonders Männer, meinen, für Gott zu sprechen. In Wahrheit jedoch sind sie unfähig, über etwas zu sprechen, was über sie selbst hinausgeht. Wie gerne zitierte der ehemalige US-Präsident George W. Bush Gott, genauso übrigens

Das Einzigartige der jüdisch-christlichen Tradition besteht darin, dass sie unsere Beziehung zu Gott an das Konkrete, Historische, Faktische und an das Politische knüpft.

wie wir Kirchenmänner. Und nicht anders berief sich sein Erzfeind Saddam Hussein in fast jedem Satz auf Gott. Armer Gott! Wie muss es sich anfühlen, von all diesen großen Egos benutzt zu werden?

Gewinn durch Verlust – dieser Gedanke, dem sich das Christentum in der Form, wie wir es in der Regel kennen, so hartnäckig verweigert – ist in einer anderen Religion sehr wohl präsent, nämlich im Buddhismus. Zumindest auf der persönlichen, individuellen Ebene vertritt er diese Überzeugung. Er sieht das Ich als Problem und erst wenn das Ich überwunden ist, kann der Mensch klar sehen.

In der jüdisch-christlichen Tradition und der Bibel, von der so viele Katholiken schlicht gelangweilt sind, dreht sich alles um Geschichte. Das Christentum kennt nicht einfach zehn Schritte zur Erleuchtung. Nein, alles hat mit den sozio-politischen und wirtschaftlichen Zusammenhängen zu tun, die wir Geschichte nennen. Immer geht es in der Bibel um Könige und Kriege und vielleicht haben deshalb viele Katholiken beschlossen, statt der Bibel lieber die Biografie der Heiligen Teresa zu lesen, die viel inspirierender ist als die Gesellschaftskritik der Bibel. Doch das Einzigartige der jüdisch-christlichen Tradition ist gerade, dass sie unsere Beziehung zu Gott an das Wahre knüpft, an das Konkrete, das Historische, das Faktische, auch an das Politische.

Die Botschaft zu personalisieren heißt, sie zu trivialisieren.

Über Jahrhunderte haben Christen diesen Weg gewählt und das ist der Grund, warum sie einen Großteil der Botschaft nicht verstehen. Aus Demut wurde eine persönliche Tugend. Damit hat die Botschaft des Abstiegs, des Loslassens – es ist gleichgültig, welchen Begriff man verwendet –, jegliche Bedeutung für die strukturellen, die institutionellen, die gesellschaftlichen, die nationalen oder die wirtschaftlichen Zusammenhänge verloren. Vor kurzem sagte ein Mann zu mir, als ich über Jesu Lehren von der Gewalt sprach: „Pater, wissen Sie, in einer perfekten Welt mag das ja gelten!" Welch faule Ausrede! Jesus ist in eine nicht perfekte Welt gekommen. Und wenn wir auf die perfekte Welt warten, bevor wir das Evangelium und seine Botschaft ernst nehmen, dann kann sich nichts wirklich Neues ereignen und vom Christentum bleibt nichts als eine individuelle, rein persönliche Spiritualität.

Immer wieder haben sich Protestanten und Katholiken gegenseitig beschuldigt, die wahre Botschaft zu ignorieren. Aber die Verdrehung beginnt weit früher. Aus der wunderbaren Botschaft des Abstiegs, die in den ersten drei Jahrhunderten genau in diesem Sinne verstanden worden ist – als eine Botschaft ohne Gewalt, eine Botschaft der Machtlosigkeit, die nicht auf Ansehen und Bedeutung aus war –, machte um das Jahr 313 Kaiser Konstantin die Staatsreligion des Römischen Reichs und verkehrte sie damit in ihr

Gegenteil. Der römische Katholizismus und in seiner Folge nahezu alle christlichen Gruppierungen haben diese Verkehrung übernommen. Seit 1700 Jahren befinden wir uns also auf dem Weg des Aufstiegs. Immer geht es darum, Wege zu erschließen, die uns würdig machen, immer geht es um einen Wertewettbewerb!

Die Würde Gottes und die Würde des Menschen

Ich erinnere mich an ein Gebetstreffen, in dem wir alle voller Inbrunst immer und immer wieder sangen: „Du allein bist würdig, du allein bist würdig." Es war wunderschön und unsere Herzen wurden leicht. Doch im Stillen dachte ich mir, dass wir nicht eine Sekunde lang tatsächlich daran glauben. Wir waren doch alle versammelt, um zu zeigen, wie würdig wir selbst sind!

Das Evangelium ist zu einem Wettbewerb verkommen. Wir weigern uns, die wahre biblische Botschaft – „Du, Gott, allein bist würdig und wir alle sind unwürdig" – zu glauben. Stattdessen stellen wir uns permanent die Frage: „Bin ich würdig?" Doch diese Frage ist letztlich langweilig und nutzlos. Deshalb beschäftigt sich das reife Ich überhaupt nicht mehr damit. Es ist reine Zeitverschwendung, immer wieder diese egoistische Frage zu stellen: „Bin ich würdig?" Denn

Würde ist ein Geschenk, es ist das göttliche Innewohnen.

die einzige Antwort lautet: „Nein, du bist nicht würdig. Allein Gott ist würdig." Verschwenden wir also keine Zeit mehr damit, die Botschaft Jesu dafür zu missbrauchen, unser eigenes Wertsein zu rechtfertigen, unser gesellschaftliches Ansehen zu betonen oder uns einzureden, Gott müsse uns lieben, weil wir in die Kirche gehen.

Zugleich behaupte ich: Jeder Mensch ist würdig! Ich weiß, das klingt widersprüchlich. Der Mensch ist würdig, aber das hat nichts mit ihm zu tun! Die Würde ist ein Geschenk, es ist das göttliche Innewohnen. Dieser Gedanke ist nur vor dem Hintergrund einer Theologie der Gnade zu verstehen. Gott schenkte sich einer unwürdigen Menschheit und macht sie dadurch trotz ihrer Unwürdigkeit würdig. Deshalb können wir aufhören, die Frage nach der Würde zu stellen. Aber erst wenn man das verstanden hat, wird man sich in Gott verlieben. Solange dem Christentum diese Grundlage fehlt, bleibt sie ein reines Leistungsprinzip.

Paulus spricht davon, dass das Gesetz letztlich immer zum Tode führt. Jeder Versuch, aus einem Leistungsprinzip heraus zu agieren, das von außen gesteuert werden kann und bei dem unsere eigene Würde überprüft wird, führt unweigerlich früher oder später zum Scheitern. Natürlich können wir versuchen, die wahre Grundlage – den Weg des Abstiegs und das unverdiente Geschenk der Würde – schlicht abzustreiten – ein Weg, der momentan scheinbar häufig

Um auf dem wahren Weg zu bleiben, bedürfen wir der Erfahrung der Erniedrigung.

beschritten wird. Deshalb gibt es so viele Pharisäer und Schriftgelehrte, Menschen, die sich selbst nicht kennen und ein unvollständiges Leben führen, weil sie das äußere Bild ihrer eigenen Würde und ihrer Überlegenheit aufrechterhalten. Doch darin zeigen sich nur Schatten-Selbste von Arroganz, Macht und Selbstgerechtigkeit. Menschen, die auf ihre eigene Würde und ihre Überlegenheit setzen, haben noch keine Bekehrung erfahren. Genauer hinzusehen ist ihnen nicht möglich, denn dann würde ihr Selbstbild einem Kartenhaus gleich in sich zusammenfallen.

Ich bin überzeugt, dass es in den meisten christlichen Gruppierungen, die ich auf meinen vielen Reisen in zahlreiche Länder kennengelernt habe, insgeheim darum geht, zu gewinnen, etwas zu erreichen, Erfolg zu haben. Die Menschen in unserer Kirche haben scheinbar eine positive Einstellung zum Leben; sie selbst glauben das jedenfalls mit Sicherheit. Doch wenn von einem politischen Krisengebiet eine Bedrohung ausgehen könnte, sind die meisten ohne weiteres schon nächste Woche dazu bereit, bei einem „präventiven" Eingreifen – im Klartext: bei einer Bombardierung – den Tod von tausend Menschen in Kauf zu nehmen. Trotzdem würden sie ihre positive Einstellung zum Leben auch nicht nur für eine Sekunde infrage stellen. Sie sind deshalb nicht etwa bösen Menschen, sie sind einfach nur zweigeteilt. Sie kennen keine Bekehrung, Selbsterkenntnis oder Verwandlung. Sie pflegen einzig und allein ihr Selbstbild. So kann sich das Ich ein positives Selbstbild erschaffen und muss nicht länger den Weg des Abstiegs beschreiten.

Die Suche nach Gott

Um auf dem wahren Weg zu bleiben, bedürfen wir – eigentlich jeden Tag – der Erfahrung der Erniedrigung. Nur so können wir weiter wachsen. Das ist der Grund, warum die Heiligen, wie zum Beispiel der Heilige Franziskus, bei jeder Erniedrigung Gott dankten. Doch wir wissen nicht, wie wir mit Erniedrigungen umgehen sollen. Mir als Franziskaner wurde der Weg der Erniedrigung beigebracht, was aber noch lange nicht heißt, dass ich ihn auch tatsächlich beschreite. Franziskus wusste, dass es einzig darum geht, ganz nach unten zu kommen und nicht nach oben. Doch anscheinend haben nur wenige die Freiheit wie Franziskus, Jesus in dieser radikalen Weise zu folgen. Wenn wir erniedrigt werden, dann versuchen wir sofort, uns zu verteidigen oder zu rechtfertigen, und projizieren das Übel auf die Person, die uns erniedrigt hat. Wir bestätigen unser falsches Selbst und an diesem Punkt endet das spirituelle Wachstum.

Offensichtlich haben wir dieses nach Aufstieg strebende Ich und unser nationales Bedürfnis nach Aufstieg über Jahre, Jahrzehnte, Jahrhunderte gehegt und gepflegt. Weder auf persönlicher noch auf politischer Ebene haben wir die Aufstiegsbestrebungen jemals infrage gestellt. Das Christentum ist unfähig, die eigenen Schatten zu benennen, geschweige denn, sie zu integrieren. Es weigert sich, die Straße der Demut, des Friedens, der Verletzlichkeit, der Vergebung, der Gewaltlosigkeit, der Liebe zu den Armen, die Straße, die nach unten führt, zu gehen. Und doch wissen wir alle insgeheim, dass nichts anderes der Kern der Lehre Jesu ist. Aber wir haben die unglaubliche Gabe, das Wesentliche zu übersehen. Worauf konzentrieren wir uns stattdessen? Wir Katholiken sprechen über Geburtenkontrolle – Jesus hat niemals auch nur ein Wort darüber verloren. Dieses Vorgehen ist in seiner Wirksamkeit geradezu perfide: Es erlaubt uns, all die ethisch wirklich wichtigen Themen, die die Welt bedrohen, zu meiden.
Der Heilige Benedikt (um 480–547) beginnt seine Mönchsregel mit einem schlichten Satz, den man leicht überliest: Jeder, der auf der Suche nach Gott ist, darf zur Gemeinschaft kommen. Nicht diejenigen, die auf der Suche nach Karriere, nach Ansehen oder Sicherheit sind, nein, alle, die auf der Suche nach Gott sind. Unser Bedürfnis, Recht zu haben oder besser zu sein als Saddam Hussein oder George

Die Suche nach Gott führt selten zu Macht, Ansehen oder Besitz.

W. Bush oder wen auch immer wir als unseren Feind wahrnehmen, ist verständlich. Doch die Suche nach Gott, eben nicht die Suche nach unserem Recht, sondern die Suche nach Gott führt uns selten zu Macht, Ansehen oder Besitz. Wer in der Sprache der Propheten und der Sprache Jesu nicht die Sprache des Abstiegs erkennt, für den wird sie unweigerlich zur Sprache des Aufstiegs, verklärt durch den Schleier der Religion.

Die Suche nach Macht

Für die Schriftgelehrten und Pharisäer, die es unter Christen noch immer in großem Maße gibt, ist es fast unmöglich zu erkennen, dass sie es sind, die von der Lehre abweichen, dass sie es sind, die gespalten leben, dass sie es sind, die eine Schattenseite haben. Für sie besteht überhaupt keine Notwendigkeit, die eigene Schlechtigkeit und das eigene Machtstreben zu erkennen. Ja, es ist deshalb nahezu ausgeschlossen, weil sie der Überzeugung sind, im Namen Gottes zu handeln. Wie hat bereits Jesus gesagt: Wenn ihr mich umbringt, so werdet ihr glauben, das sei eine heilige Tat im Namen Gottes!
Nach Überzeugung des Religionsphilosophen und Anthropologen René Girard (geb. 1923) ist der überwiegende An-

Erfolg kann nur in den frühen Jahren im Leben etwas lehren.

teil von Gewalt in der Geschichte „heilige Gewalt“, Gewalt, die damit gerechtfertigt wird, dass die Kirche in keinem Fall negativ dastehen darf. Menschen mit dieser Absicht handeln in den allermeisten Fällen aus durchaus ehrenwerten, frommen Motiven. Immer geht es darum, die Welt zu beschützen, der Demokratie einen Weg zu bahnen oder den Terrorismus abzuwehren. In diesen Zielen sind sich die Menschen völlig einig, denn hier wirkt ihr Ego, das Ego, das sich stets um sich selbst sorgt, dessen höchste Priorität darauf zielt, sich selbst so zu erhalten, wie es ist. Diesem Ego fehlt aber die Bekehrung, deshalb nenne ich es „falsches Selbst“.

Wer nicht gelernt hat, loszulassen, demütig zu sein, ja, die Demütigungen sogar zu suchen, kann eigentlich die meisten Lehren des Evangeliums nur ignorieren, er kann sie gar nicht verstehen. Manchmal habe ich gute Lust, die Gemeinde aufzufordern, nach der Bibellesung nicht einfach nur „Dank sei dem Herrn“ zu sagen, sondern: „Dank sei dem Herrn, aber wir glauben kein Wort davon und nun lasst uns mit dem Rest der Messe fortfahren.“ Die meisten Menschen wirken bei den Bibellesungen abwesend, denn sie finden darin nichts, was mit ihrem Leben oder der Realität zu tun hat. Für sie ist die Lesung nur eine Erinnerung an etwas, das irgendwann einmal gegolten hat. Für viele sind Gottesdienst und Bibellesung ritualisiert und dem

Wort und ihrem „Dank sei dem Herrn“ messen sie – wenn überhaupt – allenfalls eine magische Wirkung bei, die darauf zielt, dass die Welt in Ordnung bleibt.

Die Suche nach Ordnung

Das Streben nach Ordnung ist vermutlich eine menschliche Grundeigenschaft und findet unter anderem Ausdruck in der Ritualisierung und den Gesetzescodices der Religionen. Ethische Prinzipien erscheinen als Anspruch, den die Religionen vertreten. Dieser Anspruch ist jedoch eine Funktion, die wir den Religionen übertragen – und oft genug auch erleichtert abgetreten – haben. Für eine solche Funktion, Ordnung zu schaffen, muss man Jesus gewaltsam vereinnahmen. Entgegen aller Ordnung, die angeblich unsere Welt aufrechterhält, war er der Überzeugung, dass wir nicht zu Gott gelangen, indem wir richtig handeln, sondern nur, wenn wir etwas falsch machen. Damit wirkt seine Lehre noch heute als Angriff auf das Christentum.
Erfolg kann nur in den frühen Jahren im Leben etwas lehren, danach kann er dem Leben nichts grundsätzlich Neues mehr geben. Alles, was der Mensch nach dem dreißigsten Lebensjahr lernt, hat mit Versagen, Demütigungen und Abstieg zu tun. Bei allen Mystikern aller Religionen

zeigt sich das überdeutlich. Und dennoch übersehen wir beständig, dass Jesus den Abstieg ins Zentrum der Aufmerksamkeit stellt. Dabei liegt die Bedeutung des zentralen christlichen Symbols, des sterbenden, blutenden und verlierenden Manns, klar zutage: Der Mensch gewinnt, wenn er verliert. Was braucht es denn noch, damit wir endlich verstehen? Wie lange und wie oft werden wir noch auf den Gekreuzigten blicken und die Botschaft falsch verstehen? Werden wir im Kreuz immer nur ein Logo sehen oder wird es uns schließlich doch gelingen, in dem Symbol zu erkennen, dass wir gewinnen, wenn wir verlieren? Werden wir schließlich doch noch erkennen, wie man mit Anmut verliert und daraus lernt und verwandelt wird?

Etwas eigentlich Gottloses im Namen Gottes zu tun halte ich für die größte Sünde gegen Gott, der wir uns schuldig machen können. Das meint Jesus, wenn er von der Sünde gegen den Heiligen Geist spricht. Sie kann übrigens nicht vergeben werden, weil sie nie als Sünde erkannt, sondern als Tugend angesehen wird. Ein Land vor dem Terrorismus zu schützen erscheint so plausibel. Doch unausweichlich folgt daraus die Notwendigkeit der Kriegswirtschaft, folgen daraus die obszönen Profite der Waffenhersteller und -händler!

Diese Sünde gegen den Heiligen Geist ist Verleugnung und Verschleierung im höchsten denkbaren Maß. Sie wendet

Alles, was der Mensch nach dem dreißigsten Lebensjahr lernt, hat mit Versagen, Demütigungen und Abstieg zu tun.

sich gegen den Geist, der bei seinem Kommen die ganze Wahrheit enthüllen wird, wie es im Johannesevangelium heißt (vgl. Johannes 16,13). Wenn dieser Geist „kommt, so wird er der Welt die Augen auftun über die Sünde und über die Gerechtigkeit und über das Gericht" (Johannes 16,8). Vielleicht erahnen wir zumindest in einigen Momenten, was das bedeutet.

Bis auf einige paradoxe Wahrheiten des Evangeliums halte ich nahezu sämtliche Ordnungskriterien und Urteilsmaßstäbe der Welt für falsch. Denn alle großen Lehrer der großen Religionen wissen: Oben ist immer unten, weltliche Macht ist in Wirklichkeit Machtlosigkeit, Aufstieg ist immer ein Abstieg. Oder, wie es Jesus in einem seiner wohl bekanntesten Worte ausdrückt: „Die Ersten werden die Letzten und die Letzten die Ersten sein." (Matthäus 19,30) Oder, wie Jesus aus Psalm 118,22 zitiert: „Der Stein, den die Bauleute verworfen haben, der ist zum Eckstein geworden." (Markus 12,10)

Genau das, was der Mensch verweigert, verleugnet und fürchtet, weil es unterlegen, demütigend und nach Niederlage aussieht, verwendet Gott, um das Haus des wahren Selbst zu bauen. Und dennoch – ich schließe mich durchaus ein – wehren wir uns zutiefst dagegen, zu verlieren. Von Grund auf wurde uns beigebracht zu gewinnen. Ja, es ist geradezu in die Verfassung eingeschrieben. Die allermeisten Menschen können ausschließlich in der Begrifflichkeit des Gewinnens denken. Sogar Niederlagen werden in Erfolge umgemünzt. Negativwachstum, Trendwende, 50 plus, Erstschlag, Kolateralschaden, chirurgische Kriegführung – wie verräterisch sind doch diese perfiden Begriffe, die Verlust, Selbstsucht und Gewalt als Gewinn deuten wollen.

Die „Verlierer“ in der Bibel

Der Abstieg ist die Metaerzählung, das Thema aller Themen der Bibel. Betrachten wir den Anfang: Gott erwählt ein versklavtes, unbedeutendes Volk in Ägypten, einen semitischen Volksstamm, den wir am Ende als Juden bezeichnen werden. Im 5. Buch Mose sagt Gott in einer wunderbaren Stelle: „Ich habe dich nicht gewählt, weil du das größte, sondern weil du das kleinste Volk bist“ (vgl. 5. Mose 7,7). Dies ist die Grundlage und dieses Muster wiederholt sich immer und immer wieder – so offensichtlich, dass wir es zwangsläufig erkennen müssten, wenn wir nur hinschauten. Gott wählt sich für seine Zwecke immer die Unwürdigen, die Niemande aus: Abraham beispielsweise, der alles hinter sich gelassen hat, der quasi nackt ist und sich als zutiefst verlassen erlebt. Von ganz unten kann Gott mit ihm etwas aufbauen. Oder Mose – er ist ein Mörder. Er muss sich vor dem Gesetz in der Wüste verstecken, wo niemand ihn finden kann.

Gott wählt keine würdigen Menschen aus. (Einzig Maria könnte vielleicht würdig erscheinen, aber sie macht ganz deutlich, dass sie deshalb würdig *wurde,* weil Gott sie erwählt hat.) Gibt es irgendeine biblische Figur, deren Lebenslauf Gott beeindrucken könnte? Nein, nicht eine! Immer sucht Gott sich Menschen aus, die nicht ganz so klug sind, die stottern, die sündigen, unwürdige Menschen eben. Es ist schon geradezu langweilig, von all den unfruchtbaren Frauen der Erzväter zu lesen. Hätte man sich nicht einmal etwas Neues einfallen lassen können? Warum können all diese Frauen keine Kinder bekommen? Am Trinkwasser kann es wohl kaum gelegen haben.

Nein, es geht um etwas anderes. Es sind immer und ausnahmslos die Behinderten, die Bloßgestellten, die Leprakranken, die Ausgeschlossenen, die Außenseiter, die Gott auswählt. Im 1. Samuelbuch wird das mit den Worten ausgedrückt: „Die Unfruchtbare hat sieben geboren, und die viele Kinder hatte, welkt dahin." (1. Samuel 2,5)

Im Neuen Testament ist es nicht anders: Wer sind die Menschen, die Jesus verändern, heilen und verwandeln kann? Und welche Menschen kann er nicht einmal berühren? Im Tempel, wie er zur Zeit Jesu ausgesehen hat, befindet sich im Zentrum das Allerheiligste, dann folgt der Bereich der Priester und Leviten, die Tempelhalle des beschnittenen jüdischen Mannes, dann der Außenhof für die jüdischen Frauen, den sie jedoch nur während ihrer fruchtbaren Jahre und auch dann nur zwei Wochen im Monat betreten durften, weil sie ansonsten wegen der Menstruation als unrein galten, und schließlich gibt es sieben Gruppen außerhalb des Tempels, die als unrein und unwürdig galten.

Das Judentum in dieser Form schließt also bestimmte Menschen als unrein und unwürdig aus, es befindet sich in dieser Hinsicht auf einer noch unreifen Ebene. Nicht anders verhält es sich mit dem Katholizismus (und auch mit dem Luthertum, dem Calvinismus, ja, jeder christlichen Gruppierung, die sich über Gruppenzugehörigkeit definiert): Von den Katholiken werden die Nicht-Katholiken unterschieden. Da gibt es die eine, heilige, katholische, apostolische, wahre Kirche und dann gibt es die anderen. Übrigens kennt auch die katholische Kirche ihre Tempelhalle für Priester und Leviten: die Abgrenzung durch das Altargitter. Frauen durften dieses Gitter nicht durchschreiten – außer natürlich am Samstag zum Putzen. Ständig wiederholen sich die gleichen Verhaltensmuster, immer versuchen Menschen ihre Würde zu sichern. Doch wen heilt Jesus?

Jesus heilt immer und ausnahmslos Menschen, die sich außerhalb des Tempels befinden.

Immer und ausnahmslos sind es Menschen, die sich außerhalb des Tempels befinden. Die Behinderten sind es, die Aussätzigen, die Frauen nach ihrer Monatsregel oder Menschen mit sonstigen Unreinheiten. Die Menschen im Tempel dagegen sind es, die Jesus umbringen. Sie stehen für das Ego der Selbsterhaltung, sie müssen zwanghaft Konzepte aufrechterhalten und den Tempel schützen. Eine Tempelreligion jedoch ist Jesus fremd. Und was haben wir in den letzten Jahrhunderten getan? Wir haben immer mehr Tempel errichtet.

Mit jedem Bau beginnt zugleich die Notwendigkeit, ihn zu erhalten. Die Folge sind die Sorgen um die nötigen Mittel. Also muss die Botschaft für die Menschen, die genug Geld haben, um diesen wunderbaren Tempel zu erhalten, einigermaßen schmackhaft sein. Alle christlichen Konfessionen haben auf der ganzen Welt wunderbare Kirchen gebaut. Vielleicht ist es für die Verwandlung des Menschen sogar notwendig, sie mit Gold und Silber kostbar auszustatten. Doch zwangsläufig beginnt mit jedem Kirchenbau die Notwendigkeit der Selbsterhaltung. Über Jahrhunderte haben die Kirchen nichts anderes getan, als ihre Gebäude zu erhalten. Aus Priestern sind Museumsdirektoren geworden. Können sie das Evangelium verkündigen und Heilung und Verwandlung bringen? Ist eine solcherart museale Kirche überhaupt fähig, die brisante Botschaft zu predigen?

Wer Machtlosigkeit nicht kennt,
hat seine wahre Macht noch nicht entdeckt.

Sind für neuen Wein nicht auch neue Schläuche nötig (vgl. Markus 2,22)?

Israel soll seine politischen Bündnisse auflösen und sich völlig auf Gott verlassen, fordern die Propheten. Der König soll sein Bündnis mit den Assyrern oder irgendeinem anderen Volk aufgeben, denn – so argumentieren die Propheten – wenn das Volk Israel anders sein will als alle anderen Völker, dann muss es das Risiko der Verletzlichkeit auf sich nehmen und Gott vertrauen. In Psalm 20,8 heißt es: „Jene verlassen sich auf Wagen und Rosse; wir aber denken an den Namen des Herrn, unsres Gottes.“ Wie unsagbar schwer muss es den Propheten gefallen sein, für solche Worte offenes Gehör zu finden, und wie schwer tut sich dieselbe Botschaft heute, selbst wenn wir moderne Worte dafür verwenden?

Verlassenheit, Einsamkeit, Verlust, Abstieg – genau davon erzählt auch die Geschichte von Joseph, der in den Brunnen geworfen wird, oder die Geschichte von Jona, der sich tief im Walfischbauch befindet, oder die Geschichte von Hiob, wohl der Inbegriff hebräischer Spiritualität. Hiobs Geschichte ähnelt der von Jesus: Einem Mann wird alles genommen, was er hat, und doch vertraut er immer noch auf Gott.

Die Macht des Leidens

Verlassenheit, Abstieg und Loslassen bringen den Menschen an die Grenzen seiner eigenen Kraft. Wenn er zusammenbricht, muss er sich auf Gottes Kraft verlassen und kann so das wahre Selbst finden, sein wahres Ich. Das Leiden wird in der jüdisch-christlichen Tradition nicht etwa idealisiert, weil es von sich aus gut wäre, sondern weil es die Macht hat, eine Verwandlung anzustoßen, und dazu führt, dass wir erkennen, wer wir wirklich sind und woher unsere Kraft tatsächlich kommt. Einzig auf die Macht solcher Menschen können wir uns verlassen, die bereits die Machtlosigkeit erfahren haben. Wer diese Machtlosigkeit noch nicht kennt, hat auch seine wahre Macht noch nicht entdeckt. Diese Vorläufigkeit ist der Grund für das Leiden in der Welt, für psychisches Leiden, für Leiden in Beziehungen, gesellschaftliches Leiden und für körperliches Leiden. Nur eins ist stark genug, um den Menschen zu zwingen, das loszulassen, was nach seiner Überzeugung seine Persönlichkeit ausmacht, das kleine Selbst, das falsche Selbst, das private, überlegene Selbst: Einzig und allein der Abstieg ist stark genug.

Das Ego sucht permanente Bestätigung; es kann sich nur nach oben orientieren, es denkt in Kategorien des Erfolgs, des Aufstiegs. Doch all die Leitern, die das Ego erklimmt, führen nicht zum Ziel. Der Mystiker Thomas Merton (1915–1968) bemerkt treffend: Sein ganzes Leben lang versucht der Mensch, die Leiter des Erfolgs zu besteigen, und wenn er schließlich nach Jahren des Kletterns oben angekommen ist, muss er feststellen, dass die Leiter nur an einer dicken Mauer lehnt. Dort oben ist nichts! Wer diese Erkenntnis – so wie ich – im Alter von 60 hat, dem fällt es unendlich schwer, wieder umzukehren. Die ersten 60 Jahre sollen vergeudet gewesen sein? Das kann nicht sein! Also suchen sich die meisten Menschen einfach eine noch höhere Leiter in der Hoffnung, diese möge zum Ziel führen, oder versuchen, eine noch größere Scheune zu füllen. Wir alle kennen die Antwort Gottes: „Du Tor!" (Lukas 12,20)

Jesu Menschsein und seine Göttlichkeit

Jesus ist Jude, er ist sogar exemplarischer Jude. Sobald das Christentum aus Jesus etwas anderes als einen Juden machen will, sobald es ihm seine jüdische Rauheit oder die Geschichte wegnehmen will, die er kannte und die er absolut verinnerlicht hatte, geht zwangsläufig der Kern seiner Botschaft verloren. Jesus wiederholt die komplette jüdische Geschichte in seinem Leben, in seinem Ansehen und

Wenn wir in erster Linie Jesu Göttlichkeit betonen, statt seiner Lehre zu folgen, übersehen wir, dass er auf die Erde gekommen ist, um uns auf die Reise der Verwandlung zu schicken.

in seiner Stellung, und zwar von seiner Geburt im Stall bis hin zu seinem Tod als nackter Krimineller außerhalb der Stadtmauer. Jesus ist immer Verlierer, niemals Gewinner; er gehört nicht zu den Priestern, er ist Laie. Er befindet sich nicht ganz oben, sondern ganz unten.

Die Nachfolge Jesu hat in der Form, wie die Mehrzahl der Christen sie praktiziert, keinerlei politische oder gesellschaftliche Auswirkungen. Statt seinem Menschsein nachzueifern, beschränken wir uns darauf, seine Göttlichkeit zu betonen und ihn zu verehren – wozu er gewiss niemals beauftragt hat. Warum nennt Jesus sich selbst so häufig „Menschensohn"? Keinen anderen Titel verwendet er so oft für sich selbst. Statt die in dieser Formulierung doch unübersehbar offen liegende Bedeutung des Menschseins zu sehen, denken wir an eine Passage aus dem Danielbuch (vgl. Daniel 7,13-14) und deuten Jesu Selbstbezeichnung als den apokalyptischen Begriff „Menschensohn". Als ob das gemeint wäre! „Menschensohn" bedeutet schlichtweg: einer von euch! Einer von euch, der euch den Weg zum Vater zeigen wird.

Ich will die Göttlichkeit Jesu gewiss nicht leugnen. Aber wenn es uns in erster Linie darum geht, Jesu Göttlichkeit zu betonen, statt seiner Lehre zu folgen, dann übersehen wir, wofür er tatsächlich auf die Erde gekommen ist, nämlich um auch uns auf die Reise der Verwandlung zu

Im Fasten, im Almosengeben und im Gebet erfährt der Mensch nicht sich selbst in der Mitte.

schicken, die nur dann gelingt, wenn wir aus demselben Kelch trinken, aus dem Jesus trinken muss (vgl. Markus 10,38-39; 14,36).

30 Für die zwölf Apostel, zu denen Jesus selbst gesprochen hat, muss es leichter gewesen sein. Wirklich? Haben sie sich tatsächlich so anders verhalten als wir? Auch sie wollten auf der rechten oder linken Seite des Throns sitzen (vgl. Markus 10,37). Auch sie wollten Teil der Macht sein, statt an der Machtlosigkeit des Dieners Jesus teilzuhaben.

Der Abstieg in der Liturgie

Die Metaerzählung, das Thema aller Themen, das besagt, dass die wahre Macht ganz unten zu finden ist und nicht ganz oben, findet ihren liturgischen Ausdruck in der 40-tägigen Fastenzeit. Die Begrenzung auf 40 Tage zeigt an, dass der Mensch nicht fähig ist, sich durchgängig, über ein Jahr, auf die Niedrigkeit und den Abstieg einzulassen. Und selbst die 40 Tage haben wir auf gerade einmal zwei eigentliche Fastentage reduziert, Aschermittwoch und Karfreitag, und sogar diese werden kaum noch ernst genommen. Nur zwei Tage, an denen wir uns wirklich nach unten begeben! Den Rest des Jahres brauchen wir uns darüber keine Gedanken zu machen.

Es hat Auswirkungen auf die Seele, wenn sich das ganze Leben in erster Linie um das Konsumieren dreht. Konsum zielt nur darauf, das Selbst zu vergrößern, es zu bestärken, zu fördern, zu beschützen und zu päppeln. Nur wenn dieser seelische Prozess auch umgekehrt wird, kann der Mensch lernen, dass es im Leben nicht nur darum geht, das Selbst zu versorgen. Deshalb kennen fast alle Religionen so etwas wie eine Fastenzeit, das Almosengeben und das Gebet. Dabei liegt das Zentrum nicht im Selbst, sondern außen: Im Gebet ist Gott der Mittelpunkt der Welt und nicht ich bin es. Beim Almosengeben ist der Nächste der Mittelpunkt der Welt und nicht ich bin es. Und beim Fasten ist alles, was nicht der eigene Körper ist, Mittelpunkt der Welt. Im Fasten, im Almosengeben und im Gebet erfährt der Mensch nicht länger sich selbst in der Mitte.
Diese drei klassischen spirituellen Disziplinen, die einmal den Kern der Fastenzeit gebildet haben, sind weitgehend aus unserem Leben verschwunden. Kulturell sind sie wenig bedeutsam oder gar attraktiv. Wie könnten sie auch? Das Ego hat sich längst auf seinen Turm der Unantastbarkeit zurückgezogen. Diese Entwicklung markiert in vielerlei Hinsicht einen Tiefpunkt unserer Zeit, denn entsprechend betont das Christentum heutzutage die individuelle Erlösung – eine Sichtweise, in der sich das Ego heimisch fühlen kann.

In bestimmt zwei Dritteln aller liturgischen Gebete wird darum gebeten, dass „ich“ in den Himmel komme, dass „wir“ gerettet werden können. In diesen Gebeten geht es nicht etwa darum, die Welt zu heilen! Es geht nicht darum, wie wir bessere Instrumente für Gottes Energie werden und die Welt verändern, verwandeln und lieben können! Nein, nur um den persönlichen Weg in den Himmel geht es; das Ego wird damit niemals infrage gestellt.

Die Jesusverehrung steht im Mittelpunkt unserer Gottesdienste und doch übersehen wir ständig die zentrale Botschaft, dass wir nämlich dem Kreuzweg nachfolgen sollen, dass der wahre Weg der Abstieg ist. Die meisten engagierten Christen handeln nicht einmal in schlechter Absicht; nein, sie fügen sich ein in die Gemeinschaft all der Menschen, die die vielen Tempel gebaut haben und die doch nicht alle unrecht gehaben haben können. Und so geht es im Gottesdienst um den Kirchenbesuch statt um die Verwandlung und um die Kirchenmitgliedschaft statt um die Lebensreise. Wenn jedoch die Mitgliedschaft im Zentrum des Denkens steht, ist es unausweichlich abzugrenzen, wer dazu gehört und wer nicht, wer ehrbares Mitglied ist und wer nicht. Und was sagt Jesus dazu? Er ergreift immer die Partei der Außenseiter.

Wie können wir Mitgliedschaft für eine wichtige Frage halten, wenn wir sehen, wie Jesus sich der syrophönizischen

*Wenn wir Gott nicht erlauben,
uns zum Akt des Loslassens zu führen,
sind wir spirituell blind.*

Frau zuwendet, um ihre Tochter zu heilen (vgl. Markus 7,26-30)? Keiner der Helden aus den Gleichnissen Jesu ist Jude oder Priester oder jemand, der die Gesetze befolgt. Welch Wunder, dass Jesus schließlich vom Establishment umgebracht wurde. Er gehörte einfach nicht dazu, er predigte nicht das, was alle anderen predigten.

Die moralische und hirnphysiologische Entwicklung

Nach Meinung des Psychologen und Erziehungswissenschaftlers Lawrence Kohlberg (1927–1987) kann ein Mensch in seiner moralischen Entwicklung immer nur die Stufe direkt über der Stufe begreifen, auf der er sich selbst befindet. Ein Mensch auf Stufe 3 der moralischen Entwicklung kann maximal einen Menschen verstehen, der auf Stufe 4 steht. Menschen der Stufe 5 bleiben ihm unverständlich und er begreift nicht, worüber sie eigentlich sprechen. Menschen der Stufe 6, wie Jesus, müssen ihm vollständig unbegreiflich bleiben.
Was gegen Krieg und Gewalt protestierende Menschen, was Friedens- und Antiapartheidsbewegungen sagen, ist für die Mehrzahl der Politiker absolut sinnlos. Nicht weil sie böse Menschen wären, nein, sie sind nicht zur Ein-

Der Mensch braucht menschliche Vorbilder, nur dann kann er sich weiterentwickeln.

sicht fähig. Ihnen fehlt die Erleuchtung, sie sehen das große Ganze nicht – poetisch gesprochen: Der Regen Gottes ist noch nicht auf fruchtbaren Boden gefallen. Solange ein Mensch in seiner eigenen Welt lebt, in der es nur um das eigene Ego und seine Sicherheit geht, ergibt sich der Wille zur Selbsterhaltung folgerichtig und zwangsläufig aus dieser weltimmanenten Logik, deren Überschreitung innerhalb eben dieser Welt nicht möglich ist.

Erst auf einer nächsten Stufe kann offensichtlich werden, dass die Rettung nur von Gott kommen kann. Dazu aber müssen wir unseren Mittelpunkt außerhalb unseres Selbst finden und das Streben nach Selbstbewahrung und Selbstförderung aufgeben. Nur so können wir die Wahrheit erkennen. Wenn wir Gott nicht erlauben, uns zu diesem großen Abstieg, zu diesem Akt des Loslassens zu führen, sind wir spirituell blind. Wir verlassen uns auf unsere eigene Macht und sehen nicht die wahre Realität.

Der Abstieg läuft allem zuwider, was wir an eigener Macht zu besitzen glauben. Ja, er läuft selbst unseren Instinkten entgegen, wie die Ergebnisse der neuesten Hirnforschung zeigen.

Nach den Erkenntnissen der Hirnforschung sind die niedrigsten Hirnbereiche ausschließlich mit der Sicherung des Überlebens und mit Sexualität befasst. Die Hirnforschung spricht in diesem Zusammenhang vom „Reptiliengehirn“.

Die Höherentwicklung des Gehirns ist nur in der Orientierung an bereits weiter entwickelten Beispielen möglich. Die höchste Entwicklung orientiert sich an dem großen Ganzen, am „Regen Gottes“. Nach Ansicht des Hirnforschers Joseph Chilton Pearce (geb. 1926) – er vertritt hier die gleiche Meinung wie Lawrence Kohlberg – können wir das große Ganze jedoch nicht einmal im Ansatz verstehen, solange uns die Orientierung an einem lebenden Vorbild fehlt. Das ändert sich erst, wenn wir an irgendeinem Punkt in unserem Leben mit jemandem in Beziehung treten, der auf der Ebene dieses höheren Gehirns lebt. Deshalb faszinieren uns Biografien und Geschichten, deshalb enthält die Bibel so viele Biografien und Geschichten. Der Mensch braucht menschliche Vorbilder, nur dann kann er sich weiterentwickeln.

Neugeborene sind in unglaublichem Maß von menschlichen Gesichtern fasziniert. Ständig sehen sie in menschliche Gesichter; diese Art der Orientierung ist offenbar von Anfang an vorgegeben. Durch Kontakt zum Menschlichen findet der Mensch zu seiner eigenen Menschlichkeit und zu seiner eigenen Geschichte.

Für die Christen ist Jesus das Sinnbild des Menschseins. Was das in seiner ganzen Tragweite bedeutet, bleibt solange unklar, wie wir glauben, Jesus sei gekommen, um uns Spiritualität zu lehren. Und in diesem Glauben bestärken uns die Kirchen unermüdlich. Kein Wunder, wenn die meisten Christen sich in diese Richtung orientieren und versuchen, der Spiritualität in ihrem Leben Raum zu verschaffen. Doch Spiritualität ereignet sich ganz von selbst!

Nein, wenn Jesus für uns wirklich das Sinnbild des Menschseins ist, dann geht es um etwas anderes. Dann geht es darum, dass wir lernen, *Mensch* zu sein! Diese Erkenntnis ist, wenn wir sie konsequent weiterdenken, geradezu schockierend. Dann ist Religion nicht länger ein eng begrenzter Lebensbestandteil, den wir am Sonntag hervorholen können, der vielleicht noch bei der Entscheidungsfindung moralischer Fragen eine gewissen Rolle spielt, der aber ansonsten auf unser Leben keine nennenswerten Auswirkungen hat. Dann ist Religion nicht länger Privatsache und sie beschränkt sich nicht auf die eigene Kirchengemeinde.

Zu lernen Mensch zu sein – dieser Frage stehen wir immer gegenüber, von den allerersten Entwicklungsschritten als Neugeborene an über die weitere persönliche Entwicklung bis hin zu der Aufgabe, ein neuer Mensch zu werden. Zu lernen Mensch zu sein – dieser Frage stehen wir also in einem fundamentalen Sinne gegenüber und auch in einem globalen! Dieser Frage steht dieser ganze Planet genau jetzt gegenüber: Wie können wir uns gegenseitig menschlich, würdig, höflich und respektvoll behandeln?

Die Realität scheint diese Fragen nach der Menschlichkeit

Wenn Jesus für uns Sinnbild des Menschseins ist, dann geht es darum, dass wir lernen, Mensch zu sein.

nicht zu kennen. Doch gerade dadurch werden sie umso deutlicher vernehmbar. Wie kann eine angeblich christliche Nation Kriege führen und den Tod Hunderttausender Menschen nicht nur – notgedrungen, wie uns die Propaganda der Kriegsstrategie vorlügen will – in Kauf nehmen, sondern selbst aktiv herbeiführen? Schreit es nicht zum Himmel – und wird in diesem Schrei nicht auch wieder die Frage nach dem Menschwerden laut –, wenn wir eine militärische Großmacht mit Weltherrschaftsanspruch im Namen einer unverständlichen Spiritualität als „christliche Nation“ bezeichnen? Zeigen nicht die Versuche, die Frage nach dem Menschsein zu übergehen – vordergründig in der Unterdrückung der Menschenrechte, auf übertragene Weise in einem religiösen Kult, in dem die Menschen keinen Platz haben –, dass wir zutiefst ungläubig sind? Ist es nicht schizophren, nur in Kategorien des Aufstiegs zu denken und zu leben und zugleich Woche für Woche das Evangelium zu lesen, zu predigen und zu hören, das die Sprache des Abstiegs spricht?

Der Abstieg in den Religionen

Der Buddhismus übt in der ganzen Welt, besonders in Europa, eine erstaunliche Faszination aus; die Übertritte zum Buddhismus sind zahlreich. Seine Einstellung zur Gewaltlosigkeit in dieser brutalen Welt ist bewundernswert. Im Buddhismus sind die Freiheit von Bindungen, das Loslassen und die Verwandlung des Egos viel präsenter als im Christentum. Das ist aber wohl auch der Grund, warum die wenigsten Menschen im Westen sich wirklich ernsthaft auf den Buddhismus einlassen. Die Beschäftigung mit der Weisheit des Ostens bleibt allzu oft oberflächlich. Wenn es um eine wirkliche Wandlung der Seele geht, schrecken die meisten zurück – wohl auch die meisten Buddhisten. Ich wage zu behaupten, dass wahrscheinlich genauso wenig Buddhisten in die Tiefe gehen wie Christen.

Der Gedanke der Verwandlung des Egos ist aber auch im Westen präsent, und zwar in Geschichten, Symbolen und konkreten Menschen. Jesus ist ein solcher Mensch, der die Reise des Abstiegs selbst erlebt hat. Statt dieser Geschichte jedoch konkret für unser Leben Gültigkeit zu geben, deuten wir sie in Kategorien von Frömmigkeit und Anbetung. Alles, was sich wirklich auf unsere Psyche auswirken könnte, haben wir im Laufe der Jahrhunderte gezähmt, bagatellisiert und verniedlicht. Letztlich jedoch ist allen christlichen Symbolen und Geschichten der Gedanke von der Verwandlung des Egos immanent. Diese Überzeugung ver-

tritt auch C. G. Jung (1875–1961), der berühmte Schweizer Psychologe.
Der Mythenforscher Joseph Campbell (1904–1987) behauptet die Gleichheit aller Religionen auf einem höheren Niveau. In gewisser Weise hat er damit recht; die großen Mystiker aller Religionen betonen übereinstimmend die Einheit, die auf Liebe und nicht auf Angst aufbaut.
Auch im Hinduismus, der nach Meinung mancher nicht als Religion, sondern als Lebensart zu verstehen ist, geht es hauptsächlich um Gewaltlosigkeit, Liebe und Mystizismus, nicht aber um Legalismus oder Moral. Moral ist nur die logische Folge von Liebe und Mystik. Auch im Hinduismus findet sich die Spannung des Sowohl-als-auch von Aufstieg und Abstieg, Werden und Vergehen. In einem Hindutempel sah ich vor einiger Zeit die Figur eines tanzenden Shiva. In einer Hand hielt er die Trommel der Schöpfung und in der anderen das Feuer der Zerstörung. Darin zeigt sich wieder das Mysterium des Leidens: Tod und Auferstehung. Tod und Auferstehung gehören zusammen. Es gibt keine Auferstehung ohne Kreuzigung und ebenso greift es zu kurz, sich ständig in der Opferrolle zu sehen und zu meinen, das ganze Leben bestehe aus Kreuzigung. Der Tanz des Shiva ist nicht das eine *oder* das andere, sondern er umfasst sowohl das Feuer der Zerstörung als auch die Trommel der Schöpfung.

Es zeugt von religiöser Überheblichkeit, alle anders Denkenden und Glaubenden mit dem Christentum ins Verhältnis zu setzen. Diese Überheblichkeit ist häufig unverschuldet, denn nur die Wenigsten hatten oder haben Kontakt zu heiligen Hindu-Frauen oder heiligen Muslimen. Vorurteile sind die fast zwangsläufige Folge und leider erhalten solch negative Gedanken durch das momentane Weltgeschehen wieder Rückenwind. Es liegt nahe, unsere Schatten auf andere zu projizieren und das Schlechte bei anderen zu suchen und nicht bei uns selbst.
Wir im Westen setzen allzu oft bei der Moral an und glauben fälschlich, sie könnte uns zum Mystizismus führen. Nur allein moralischen Ansprüchen zu genügen führt jedoch nicht zur Verwandlung und zu mystischer Einheit. Natürlich steht damit die Sittlichkeit nicht infrage, doch Jesus ist kein Lehrer der Moral, sondern er verkündet eine größere Wirklichkeit, eine Kosmologie.
Abweichend von Joseph Campbells Überzeugung von der Gleichheit aller Religionen postuliert René Girard für die jüdische Religion eine Sonderstellung. (Da Jesus Jude war, trifft diese Sonderstellung übrigens auch auf ihn zu.) Die Besonderheit des Judentums zeigt sich sehr deutlich bei den Propheten, deren Botschaft selbstkritisches Denken ermöglicht, ja, geradezu einfordert.
Diese Fähigkeit zur Selbstkritik fehlt den meisten Religio-

Die meisten Religionen sind unfähig, das Dunkle in sich selbst zu sehen.

nen. Sie sind unfähig, das Dunkle in sich selbst zu sehen, aus dem Bösen machen sie „Sünden“ genannte Tatbestände, die sich unter Absehung der eigenen Verstrickung verobjektivieren lassen. Es geht den Religionen immer darum, sich abzugrenzen und die „Sünder“ auszuschließen; wie anders ist Jesus, der selbst zum Sünder am Kreuz wird und zugibt, dass er mitschuldig ist an allem Übel.

Solange eine Religion das Negative bewältigen will, indem sie sich von der Sünde und die Sünder von sich abgrenzt, steht sie auf ihrer ersten Entwicklungsstufe. Eine Religion auf dieser Stufe kennt keine Bekehrung oder Verwandlung. Ein verwandelter Mensch gleicht einem Alkoholiker beim Treffen der Anonymen Alkoholiker: „Hallo, mein Name ist Thomas und ich bin Alkoholiker.“ Nicht anders der Beginn einer katholischen Messe: Wir singen das Kyrie oder den Bußritus, wir bekennen öffentlich, dass wir Sünder sind. „Kyrie eleison, Christe eleison.“ „Herr, erbarme dich, Christus, sei mir Sünder gnädig.“ Nicht die Reinen versammeln sich, sondern die Unreinen.

Das Judentum auf der weniger reifen Stufe lehnt das selbstkritische Denken noch ab; deswegen wurden die meisten Propheten umgebracht. Kein Wunder, lassen sie doch kaum ein gutes Haar am Tempel, den Priestern oder dem König. Immer wieder betonen sie, wie falsch dieses prunkvolle System ist.

Die ständige Erfahrung des Ausgeschlossenseins lehrt, dass das Recht nicht immer bei den Mächtigen liegt.

Das Fehlen der Fähigkeit zur Selbstkritik kennzeichnet nicht nur Religionen, sondern ist allen Systemen eigen. Man wird nicht zum Präsidenten gewählt, wenn man ständig das eigene Land kritisiert. Der amerikanische Präsident Jimmy Carter musste nur einmal das Wort „Unpässlichkeit" in den Mund nehmen und schon scheiterte seine Wiederwahl. Ein König muss seine Schatten verleugnen. Er muss vorgeben, alles sei wunderbar und das eigene Land das beste: Wir haben die stabilste Demokratie, das sicherste Verteidigungssystem, das größte Wirtschaftswachstum, die beste Außenhandelsbilanz, die zuverlässigsten Bündnispartner, die glänzendsten Zukunftsaussichten.

Systeme sind nicht fähig zur Selbstkritik. Deshalb muss die Kritik von außen kommen, deshalb müssen einige die Wahrheit sagen, so wie die Propheten, die eigentlichen Vertreter des jüdischen Volkes. René Girard behauptet, man könne eine durchgehende Linie von den jüdischen Propheten bis zur westlichen industriellen und wissenschaftlichen Revolution ziehen. Die industrielle und wissenschaftliche Revolution bedeuten das Ende des mythologischen und den Beginn des selbstkritischen Denkens.

Das Judentum unterscheidet sich noch in einem weiteren Punkt von anderen Religionen: Allen Widrigkeiten zum Trotz findet es immer wieder Mitgefühl mit den Opfern und eine Sympathie für die am Boden Liegenden. Das lässt sich noch heute an der jüdischen Politik ablesen; sie kennt Sympathie für die Entrechteten. Man vertraut eher dem, der am Boden liegt, als dem ganz oben, dem Machtlosen eher als dem Mächtigen. Das jüdische Volk hat in seiner Geschichte immer wieder die Erfahrung gemacht, ausgeschlossen zu werden. Die ständige Erfahrung des Ausgeschlossenseins lehrt etwas, was man sonst nicht erfahren kann, dass nämlich das Recht nicht immer bei den Mächtigen liegt.

Auch Jesus war der Ausgeschlossene und das Opfer. Nachfolge als Solidarität mit den Armen, den Ausgeschlossenen und Opfern, wie Jesus sie lehrt, hat für die meisten Christen jedoch eher moralische als konkret-faktische Auswirkungen: In einem Punktesystem können wir durch Spenden Verdienste erwerben.

Auf einer Reise habe ich vor einiger Zeit die Realität in Brasilien kennengelernt. Seit über 400 Jahren ist das Land christianisiert und dennoch herrscht dort eine unglaubliche soziale Ungerechtigkeit; 8 Prozent der Bevölkerung verfügen über beinahe den gesamten Besitz, 90 Prozent der Bevölkerung leben unterhalb der Armutsschwelle. Kann es sein, dass die frohe Botschaft hier jemals wirklich gepredigt und gehört worden ist?

Zwar empfinden wir durchaus Mitleid mit den Opfern, aber die ganze Realität in ihrem erschreckenden Ausmaß lassen wir kaum an uns heran. Wohl küssen wir am Karfreitag das Kruzifix, aber an den übrigen 364 Tagen spielt es in unserem Leben keine Rolle. Und ist nicht dieser Kuss bloß eine fromme Geste, die die wahre Nachfolge in die Machtlosigkeit und den Abstieg ersetzt? Im tiefsten Inneren wissen wir doch, dass wir die Armen lieben und ein einfaches Leben führen sollen, dass wir uns nicht an Prestige, Macht, Besitztümer und Privilegien klammern sollen. Und dennoch finden wir immer wieder Wege, der Nachfolge in dieser Konkretion auszuweichen, immer wieder dienen wir lieber unserem Ego als der Wahrheit.

Christen waren nur die geringste Zeit Vertreter der Verwandlung, bei den meisten Revolutionen in der Vergangenheit standen sie auf der falschen Seite, nämlich auf der Seite des Klerus und des Adels, die sich normalerweise zusammenschlossen, um ihre Machtposition und den Status quo zu erhalten.

Die Idee einer Befreiungstheologie, die radikal – und einseitig! – für die Menschen unten eintritt, gibt es erst seit etwa 40 Jahren. In eine vom Ergebnis her ähnliche Richtung zielen die Gedanken Papst Pauls VI. (1963–1978), der eine Theorie über die gerechte Revolution als notwendige Folge einer Theorie über den gerechten Krieg ansah. Wenn die Mächtigen das Recht auf ihre Kriege einfordern, müssen wir logischerweise auch die Kriege als berechtigt ansehen,

*Im tiefsten Inneren wissen wir,
dass wir ein einfaches Leben führen
und uns nicht an Prestige, Macht, Besitztümer
und Privilegien klammern sollen.*

die von der Unterschicht geführt werden. Denn Gewalt ist entweder gänzlich falsch oder eben nicht. Wir können nicht auf der Seite der Mächtigen gutheißen, was wir den Machtlosen verweigern. Dieser Gedankengang führt zu einer Theologie der Gewaltlosigkeit, die auch auf der höchsten Ebene der Kirche zumindest zur Kenntnis genommen wird.

Die Auseinandersetzung mit Gewalt und Gewaltlosigkeit hat den Hinduisten Mahatma Gandhi (1869–1948) zu der Erkenntnis geführt, dass Jesus Gewaltlosigkeit gelebt und gelehrt hat – eine Erkenntnis, die dem Christentum offensichtlich in weitem Maße verschlossen ist, vielleicht als Folge der Unfähigkeit von Systemen zu unvoreingenommener Selbstbetrachtung, Selbsterkenntnis und Selbstkritik.

Die Botschaft des Markusevangeliums

Nirgends ist die christliche Theologie des Abstiegs, der Gewaltlosigkeit und Machtlosigkeit besser zusammengefasst als im Markusevangelium. Das Markusevangelium wurde kurz vor dem Jahr 70 n. Chr. geschrieben; Jesus war also seit mindestens 30 Jahren tot. Einige Abschnitte des Evangeliums sind vielleicht noch jünger.
Das Markusevangelium ist weniger auf Jesu Lehren fokussiert, sondern konzentriert sich vielmehr auf seine archetypischen Handlungen. Jesus ist im Markusevangelium archetypisches Symbol, das Symbol für den Durchbruch, für das Leben in vollkommener Einheit mit Gott, für die Ablehnung des Bösen.

Die Heilungen

Im Kern all dieser archetypischen Handlungen – der Heilung des Leprakranken (vgl. Markus 1,40-45) oder der Austreibung eines Dämons (vgl. Markus 1,23-28) – geht es nicht um medizinische Genesung. Jesus ist kein Superman und deshalb betont er auch immer wieder, dass über die Heilung nicht gesprochen werden soll. Jesus heilt die Menschen medizinisch, um die innere Heilung, die Vergebung der Sünden, zu zeigen.
Wenn wir an Sünde denken, fallen uns als erstes Klischee

vielleicht Begriffe wie Drogen, Sex und Rock'n'Roll ein. Als ob uns das von Gott fernhielte. Sex, Drogen und Rock'n'Roll sind keine großen Probleme, außer dass sie uns oberflächlich machen. Und der große Dämon der westlichen Welt ist mit Sicherheit die Oberflächlichkeit, denn wir gehen in keinerlei Hinsicht besonders in die Tiefe. Wenn man jedoch nicht in die Tiefe geht, trifft man weder sein wahres Selbst noch den wahren Gott und dann kann sich auch nichts Wahres ereignen.

Vergebung der Sünden bezieht sich nicht auf all die kleinen – oder größeren – Fehltritte, derer der Mensch sich immer wieder schuldig macht, sondern es geht um die große Freiheit zu einem inneren Wandel, zu einer grundlegenden Verwandlung. Um diese Umwandlung sichtbar werden zu lassen, macht Jesus Menschen körperlich wieder gesund. Jede einzelne Geschichte aus dem Markusevangelium hat diese Bedeutung, alle Charaktere, alle Schauplätze einer Heilung deuten darauf hin.

In der Geschichte von der Heilung des Aussätzigen berührt Jesus den Leprakranken und nimmt somit dessen rituelle Unreinheit auf sich. In der Folge darf er die Stadt nicht mehr betreten. Stattdessen schickt er den Leprakranken mitten in die Stadt hinein, damit er sich der Priesterkaste zeigt. Er schickt ihn zu dem offiziell heiligen Ort und nimmt für sich selbst den unheiligen Ort in Kauf. Wie könnte die

Geschichte noch deutlicher ausdrücken, dass es um eine grundlegende Umkehrung der Verhältnisse geht, um eine grundsätzliche Verwandlung?

48 Erst wenn wir die Evangelien auf dieser archetypischen und symbolischen Ebene lesen und verstehen, auf der sie geschrieben sind, erschließt sich ihre wahre Bedeutung. Gewiss, es ist beeindruckend, dass Jesus Blinde heilen kann. Aber diese vordergründige Heilung verwandelt niemanden außer dem Blinden. Die wahre Bedeutung erkennen wir erst, wenn wir begreifen, dass wir selbst dieser Blinde sind.

Wir alle sind blind und wir alle müssen unsere innere Wirklichkeit und unseren inneren Ort in der Gesellschaft verändern, um wirklich zu sehen. Und nur darum geht es in den Heilungsgeschichten: um Veränderung der gesellschaftlichen Ordnung, von Beziehungen und Status.

Im Zusammenhang mit Abstieg wird verständlich, warum Jesus *Männer* zu Nachfolgern auswählt: Jesus musste die patriarchalische Pyramide von innen niederreißen. Er will den Männern begreiflich machen, dass sie nach unten kommen müssen. In der weiblichen Psyche dagegen muss keine Macht klein gemacht werden. Deshalb fordert Jesus die Frauen fast immer zum Aufstehen und zum Aufstieg auf, denn in der patriarchalischen Gesellschaft stehen sie meistens unten.

Der Glaube an Verwandlung macht Heilung möglich.

Der Mann definiert sich selbst über Macht und fürchtet die Machtlosigkeit. In meiner Arbeit über Initiationsriten habe ich herausgefunden, dass die meisten Kulturen es nicht für nötig befinden, Frauen zu initiieren, denn bei der Initiation geht es immer um Machtlosigkeit und diese Erfahrung hat die Frau bereits durch ihre Stellung innerhalb der Gesellschaft verinnerlicht. Für viele weiße Frauen aus der Ersten Welt trifft das jedoch nicht zu. In den letzten 30 Jahren haben junge weiße Frauen aus der Ersten Welt fast die gleiche Macht gehabt wie Männer. Die Folgen dieser Veränderung sind noch nicht wirklich abzusehen.

Der Glaube an die Verwandlung macht Heilung möglich: „Dein Glaube hat dir geholfen" (vgl. beispielsweise Markus 5,34). Jesus fragt nicht danach, ob ein Mensch, der nach Heilung verlangt, getauft ist oder konfirmiert, zu welcher Kirche er gehört, ob er den Geboten gehorcht oder ob er dem Bischof eine Spende in Aussicht gestellt hat. Nein, Jesus sieht einzig und allein ins Herz des Menschen. In keiner einzigen der Heilungsgeschichten fragt Jesus danach, ob der Kranke würdig ist. Um Würde geht es auch überhaupt nicht (vgl. oben S. 12). Wichtig ist allein das Verlangen des Heilungswilligen.

Fast immer sind es die Sünder, die dieses Verlangen verspüren. Die Rechtschaffenen, die jeden Sonntag brav zur Kirche gehen, haben dieses Verlangen nicht. Sie wollen nur

Inklusivität oder Exklusivität sind keine Merkmale des Heiligen Geistes.

in ihrer dogmatischen oder moralischen Überlegenheit bestärkt werden. Sie wollen hören, dass ihre Kirche im Recht ist und ihr Glaube in den Himmel führt. Doch diese Denkweise ist die reinste Zeitverschwendung, sie vergeudet menschliche Kraft und Stärke und göttliche Macht.

Jesus zeigt sich selbst als wahren Menschen. Genau deshalb nennt er sich selbst auch „Menschensohn" (vgl. oben S. 29). Doch er ist auch göttliches Wesen und sagt den Menschen immer wieder zu, dass sie geliebte Söhne und Töchter Gottes sind. Um das zu offenbaren und mit den Menschen zu teilen, ist Jesus gekommen. Dies ist eine der Hauptbotschaften des Johannesevangeliums. Jesu Botschaft heißt nicht, dass wir vor ihm auf die Knie fallen und ihn anbeten sollen, sondern Ziel seiner Botschaft ist es, dass wir die universale menschliche Würde erkennen, an der wir alle aufgrund des göttlichen Innewohnens teilhaben.

Die Pfingstgeschichte erzählt davon, dass der Heilige Geist in den unterschiedlichsten Sprachen, Nationen und Religionen in die Welt kommt. Es gibt eben keine Zulassungsbeschränkungen. Dieser Geist ist allen gegeben, allen Menschen auf dieser Welt, gleich welche Sprache sie sprechen. Inklusivität oder Exklusivität sind keine Merkmale des Heiligen Geistes.

Das kann jedoch nur verstehen, wer die gleiche Reise unternimmt, die auch Jesus macht. Immer wieder fordert er die Menschen auf, ihm nachzufolgen. Die gleiche Reise zu machen wie er bedeutet aber auch, von dem gleichen Kelch zu trinken, aus dem Jesus trinken muss. Doch die Geschichte zeigt immer wieder, dass die Menschen die Nachfolge auf gerade den schrecklichen Wegstrecken des Abstiegs und des Vertrauenmüssens umgehen und vermeiden, und zwar durch Verehrung. Falsch verstandene Verehrung steht aber echter Nachfolge im Wege. Für die wahre Nachfolge ist es jedoch unumgänglich, die Sprache des Abstiegs zu verstehen. Dieses Verstehen lässt sich nicht durch logisches Denken erreichen, sondern nur in der Praxis.

Die Botschaft Jesu

Das Markusevangelium beginnt mit dem wunderbaren Bild vom Bau einer neuen „Schnellstraße“ zu Gott. Wir lesen diese Abschnitte regelmäßig im Advent und vielleicht spüren wir gerade noch bis Weihnachten etwas von den Möglichkeiten eines direkten Wegs zu Gott. Das übrige Jahr aber bewegen wir uns größtenteils immer noch auf der alten Buckelpiste, einer Straße, die einem Hindernisparcours gleicht. Welch ungeheure Energie vergeuden wir dabei, all die Hindernisse zu umfahren, all den Schlaglöchern auszuweichen, den Umleitungen zu folgen. Ist diese Ehe auch wirklich rechtskräftig annulliert? Folgt jener Verteilungsschlüssel auch exakt dem Proporz? Wollen wir uns ernsthaft mit solchen Fragen aufhalten?

52 Johannes der Täufer tritt als Schnellstraßenkonstrukteur auf. Welch großartige Metapher! Er trägt die Höhen ab und füllt die Niederungen auf; so baut er eine Autobahn zu Gott. Zugegeben, meine Interpretation ist vereinfachend, aber genau das ist gemeint. Offensichtlich ist es eine Eigenschaft des Menschen, Einfaches nur schwer verstehen und annehmen zu können. Denn was tut er? Er macht gleich wieder alles furchtbar kompliziert und fährt doch wieder auf dem alten holprigen Weg. Ja, fast scheint es, dass er sich auf der Straße zu Gott die Hindernisse in Form moralischer Prüfungen selbst in den Weg legt. Johannes der Täufer ist selbst das beste Beispiel dafür. Er bereitet den Weg und verstrickt sich dann selbst wieder in moralische Fragen (vgl. Markus 2,18). Deshalb muss Jesus über ihn hinausgehen.

Jesus bringt die gute Nachricht. „Er kam nach Galiläa und predigte das Evangelium vom Reich Gottes und sprach: Die Zeit ist erfüllt und das Reich Gottes ist herbeigekommen. Kehrt um und glaubt an die frohe Botschaft.“ (Markus 1,14-15) Ermächtigt zu dieser Botschaft ist er durch die Symbolhandlung seiner eigenen Taufe (Markus 1,9-11). Und doch muss auch Jesus zuerst initiiert werden – durch seine Begegnung mit dem Teufel in der Wüste.

Macht, Ansehen und Besitz verhindern,
dass wir uns darüber klar werden,
was die Menschheit braucht.

In der Wüste fastet Jesus und lässt das falsche Selbst und seine Überheblichkeit los. Drei Versuchungen muss er sich stellen; im Matthäusevangelium werden sie beschrieben: der Versuchung der Macht, des Ansehens und des Besitzes.
Nichts von dem, was wir gemeinhin mit „Versuchung" in Verbindung bringen, Pornografie oder Spielsucht oder sonstige „moralische Verfehlungen". Nein, es geht viel fundamentaler um das, was in unserer Gesellschaft als erstrebenswert gilt: Macht, Ansehen und Besitz. Macht, Ansehen und Besitz aber sind trügerisch; sie blenden und können uns von einem freien Herzen und einem offenen Geist fernhalten. Sie stehen uns im Wege und verhindern, dass wir Gottes Wort hören und uns darüber klar werden, was die Menschheit braucht und nicht nur die Vereinigten Staaten oder Europa oder die Katholiken oder die Frauen.

Wie wenige Menschen sind fähig, das große Ganze zu sehen. Und die wenigen sind dazu nur in der Lage, wenn in ihrer Umgebung Menschen waren, die die gleiche Fähigkeit besessen haben und von denen etwas abfärben konnte. Im Angesicht des großen Ganzen zu leben – diese Möglichkeit muss den Menschen zuerst überhaupt vorgestellt worden sein. Das ist meiner Überzeugung nach die Aufgabe der Kirche, dem dient die Verkündigung des Evangeliums.

Drei Grundgedanken äußert Jesus nach seiner Initiation:
1. Das Reich Gottes ist hier. Das nimmt jeder auf die Zu-

Das Reich Gottes ist jetzt und hier,
hier sind Macht und Stärke,
hier ereignet sich die Verwandlung.

kunft bezogenen Lob-und-Strafe-Auslegung die Grundlage. Doch auf genau diese Weise haben Christen die Botschaft später ausgelegt. Wir haben das Reich Gottes in die Zukunft verlegt und uns Eintrittskarten ausgedacht. Wer eine Karte hat, ist ein guter Mensch und wird von Gott geliebt. Wer keine Karte hat, ist schlecht und wird von Gott bis in alle Ewigkeit gehasst. Jesus sagt etwas anderes: Das Reich Gottes ist jetzt und hier, hier sind Macht und Stärke, hier ereignet sich die Verwandlung.

2. Das bekräftigt er mit seiner zweiten Aussage: Die Zeit ist erfüllt. Es geht also wieder um das Jetzt und nicht um ein Reich in der Zukunft.

3. Die dritte Aussage lautet: Kehrt um und glaubt an die frohe Botschaft. Der Ausdruck „kehrt um" wird in vielen Bibeln mit „tut Buße" übersetzt, einem dieser nutzlosen kirchlichen Ausdrücke. Ich verwende ihn überhaupt nicht mehr, denn er suggeriert Männer mit Plakaten und langen Bärten in der Fußgängerzone oder Cartoons im New Yorker. Ursprünglich bedeutet das Wort *metanoeo* oder *metanoia* soviel wie „über den Verstand hinaus" oder „Verwandlung". Der Verstand definiert unablässig das Selbst; dabei erschafft er ständig Ängste und Todesszenarien. Deshalb wissen alle Lehrer der Kontemplation und Meditation um die Notwendigkeit, die Kategorien des Verstands zu durchbrechen.

Metanoeo als „über den Verstand hinausgehen" bedeutet, dass „Buße tun" nicht über mentale Prozesse, durch Logik oder Bildung möglich ist. Bildung hat mit Verwandlung nichts zu tun. Wie viele Geistliche sind wohl hochgebildet, aber nicht verwandelt! Wie viele Menschen verstehen weder das große Ganze noch haben sie eine Ahnung von Gott, während sie sich mit akademischen Titeln schmücken.

Zu viel Bildung führt im Gegenteil sogar dazu, dass man noch mehr auf den Verstand vertraut. Ein weiterer Kurs, das nächste Buch wird den Durchbruch bringen. Wer hätte nicht schon diese Illusion gehabt. Seltsam, dass wir so kurzsichtig sind, denn wir lesen doch ohnehin nur Bücher, denen wir vorbehaltlos zustimmen können und die wir dann zu einem Bestandteil unserer eigenen kleinen Theologie oder unserer eigenen kleinen beschützten Weltsicht machen.

Was hat Jesus in seiner Initiation gehört? Wieder ist die Botschaft sehr einfach: Er hat gehört, dass er geliebt wird und dass er Sohn ist (Markus 1,11). Er ist von Geburt an verbunden und diese Verbindung ist nicht etwa bedrohlich oder fordernd, sondern durch und durch „liebe-voll", voller Liebe. Die Mystiker aller Religionen stimmen darin überein: Menschen, die Gott nicht kennen, haben oft Angst vor ihm. Die Menschen aber, die Gott kennen, verlieben sich in ihn. Sie lieben Gott, er ist ihnen nah, auf ihn können sie vertrauen. Ja, sie können gar nicht genug bekommen von ihm. Jede mystische Botschaft sagt im Kern, dass wir geliebte Kinder sind, dass wir von Geburt an verbunden und Teil des Universums sind. Das können wir weder erwerben noch uns erarbeiten oder aus eigener Kraft erreichen.

Wir können nicht in das Verbundensein *gelangen,* wir können nur dort *sein,* wie der spirituelle Lehrer und Autor Eckhart Tolle (geb. 1948) so treffend formuliert. Wir können nichts erreichen, nichts erwerben, nichts herbeiholen, denn wir haben bereits alles. Wir können nur genau jetzt da sein. Jesus ist Symbol dafür: Er kommt aus der Fülle des Daseins.

Die Philosophie hält das Dasein als Konzept für so umfassend, dass es auch das Nichtsein umgreift. Das Dasein übersteigt alles, was nicht am Dasein teilhat. Es saugt die Dämonen gleichsam auf. Die Bibel zeigt Jesus immer in einer Fülle des Daseins, in vollkommener Verbundenheit. Vielleicht verstehen wir Jesus am besten, wenn wir ihn uns nicht länger als ein Wesen vorstellen, sondern als das Dasein selbst. Und wenn das Dasein auf der Bildfläche erscheint, wird das Nichtsein entlassen und als das erkannt, was es ist: Nicht-Leben, Nicht-Teilhabe, Nicht-Sein.

Das Dasein übersteigt alles,
was nicht am Dasein teilhat.

Die Exorzismen

Die Lektüre des Markusevangeliums wirkt auf gebildete Menschen der westlichen Kultur wegen der vielen vorkommenden Exorzismen womöglich befremdlich: Ständig treibt Jesus irgendwelche Teufel aus. Natürlich können wir nicht bei einer solch vordergründigen Bildsprache stehen bleiben. Wenn wir jedoch die Bilder der Teufelsaustreibung übersetzen in die Kategorien von Nicht-Vereinigung und Nicht-Teilhabe auf der einen Seite und Vereinigung und Teilhabe auf der anderen Seite, wird auch das Bild der von Dämonen besessenen Menschen verständlich: Sie sind unverbunden, ungeliebt, sie sind keine Kinder Gottes. Genau das bedeutet es, einen Dämon zu haben.

Die Befreiung vom Dämon der Unverbundenheit geschieht durch die Wiederherstellung der Verbindung. Auf diese Weise heilt Jesus: Er verbindet die Menschen wieder mit seiner Einheit mit dem Vater. Diese heilende und positive Kraft lässt sich auch heute erfahren, und zwar bei Menschen, die vollkommen aus ihrer Integrität und ihrer eigenen Mitte leben. Sie üben eine unglaubliche Anziehungskraft aus, jedoch nicht etwa weil sie Gefolgsleute suchen, sondern durch ihre Art, mit allem verbunden zu sein. Sie sind lebende Vorbilder, von denen wir lernen und durch die wir uns weiterentwickeln können. Wie Jesus handeln

Weil sie ausgrenzt, kann die Botschaft vom Aufstieg niemals frohe Botschaft sein. Die Botschaft vom Abstieg dagegen schließt ein.

sie nicht aus Furcht oder aus dem Antrieb ihres Egos; sie handeln allein aus der Wahrheit. Leben und handeln allein aus der Wahrheit – so wird Jesus in den ersten zehn Kapiteln des Markusevangeliums beschrieben.

Die frohe Botschaft

„Die Zeit ist erfüllt und das Reich Gottes ist herbeigekommen. Kehrt um und glaubt an die frohe Botschaft." (Markus 1,15) Mit „frohe Botschaft" prägt Jesus einen neuen Ausdruck. Und selbst diesem zentralen Begriff hat das Christentum im Lauf der Zeit seine Lebendigkeit und Unmittelbarkeit genommen und spricht stattdessen vom „Evangelium". Damit ist eine Sammlung von Lehrsätzen intendiert. In diesem abstrakten Sinn ist „Evangelium" nicht länger eine Haltung dem Leben oder einem wohlwollenden Universum gegenüber.

Jesus verkündet die frohe Botschaft und niemals die schlechte. Das meiste, was die *Kirche* gelehrt hat, war jedoch schlechte Botschaft. Es kann auch kaum anders sein: Die Hierarchie der Kirche, in der Aufstieg erstrebenswert ist und Gewinn bedeutet, in der es um Würde geht, muss sich zwangsläufig auch in ihrer Theologie widerspiegeln. Diese Hierarchisierung bedeutet zugleich Abgrenzung und Ausgrenzung. Weil sie ausgrenzt, kann die Botschaft vom Aufstieg niemals frohe Botschaft sein. Die Botschaft vom Abstieg dagegen schließt ein: Wir alle machen die Erfahrung von Verlust und sind mit unserer Unvollkommenheit und Unfähigkeit konfrontiert. Genau das aber macht Verwandlung möglich. Wer oben steht – und mit allen Mitteln dort bleiben will –, hat keinen Grund, etwas zu verändern.

Eine Kirche, in der das Leistungsprinzip eine so große Rolle spielt und die Gnade eine so geringe, ist Abbild einer menschenverachtenden Leistungsgesellschaft und hat die Kraft verloren, den Menschen einen unmittelbaren Zugang zu Gott und einem verwandelten Leben zu zeigen. Das hat Teilnahmslosigkeit und Passivität zur Folge und es ist kein Wunder, dass viele Christen ihre Zugehörigkeit zur Religion lediglich als Versicherung betrachten für den Fall, dass die Kirche doch recht hat.

Wie sollen Menschen, die mittelmäßig und leidenschaftslos leben, denen es an Integrität und Verwandlung fehlt, das Salz der Erde sein? Ein auf Angst beruhendes – und in seinen moralischen Prüfungen sogar bewusst auf Angst bauendes – Christentum ist Teil des Problems dieser Welt und nicht seine Lösung. Würden sich die selbstzufriedenen Kirchenmänner und die lauen Alltagschristen jemals zu dem ekstatischen Gastmahl mit Gott einladen lassen? Dort wären Leben, Kraft, Verwandlung und Heiligkeit.

Die Heiligkeit

Um Heiligkeit geht es auch im ersten Kapitel des Markusevangeliums. Vers 21 zeigt Jesus in der Synagoge, in einem heiligen Raum. Dort trifft er – höchst erstaunlich – auf einen Dämon. Ein Dämon, den wir uns in einem Striplokal oder in einer verruchten Bar vorstellen, in der Synagoge? Nein, die Synagoge, der heilige Raum, selbst ist es, der von einem Dämon besessen ist und der Heilung durch Jesus bedarf.

Das Markusevangelium zeigt Jesus also mit dem Ziel, die Religion zu reformieren. Dieses Bestreben haben wir völlig aus dem Blick verloren, weil wir Jesus als Gründer einer neuen Religion betrachten. Darauf hat besonders die Philosophin und Mystikerin Simone Weil (1909–1943) hingewiesen. Jesus wollte jedoch keineswegs eine neue Religion aufbauen, sondern die bestehende reformieren. Jesus zeigt, dass Religion, wenn sie nicht selbstkritisch ist und wenn sie kein Mitgefühl für die Opfer und die Ausgestoßenen hat, immer zu einem selbsterhaltenden System wird. Es ist also kein Zufall, dass der erste Ort, an dem er auftritt, der heilige Raum selbst ist. Heiliger Raum wird im Judentum durch Reinheitsgebote und die Schuldfrage definiert. Jede Religion legt letztlich diese Kriterien zugrunde, manchmal versteckt, manchmal ganz offensicht-

Wenn Religion nicht selbstkritisch ist
und kein Mitgefühl für die Opfer
und die Ausgestoßenen hat, wird sie immer
zu einem selbsterhaltenden System.

lich. Das Judentum benennt die Reinheitsgebote und die Kriterien von Schuld von Anfang an völlig eindeutig: Die Gesetzeskataloge im 3. bis 5. Buch Mose teilen ein: Diese Handlung macht rein und jene macht unrein, der gehört dazu, der nicht, diese ist würdig, jene nicht. Jesus dagegen stellt Gott über diese Reinheits- und Gesetzeskategorien, er fordert den heiligen Raum für Gott zurück.

Der Dämon in der Synagoge versinnbildlicht die Unwürdigkeit innerhalb des heiligen Raums. Die Würde ist also nicht an den heiligen Raum gebunden. Entsprechend findet Jesus außerhalb des heiligen Raums würdige Menschen. Wie Jesus gehen auch andere Heilige immer wieder an die unreinsten Orte und suchen die Außenseiter und Ausgestoßenen. Welch ein Skandal! Das stellt die Wirklichkeit auf den Kopf.

Markus 2,13-28 beschreibt, wie Jesus eine neue Gemeinschaft der Sünder versammelt: Steuereintreiber, Fastenbrecher, Leute, die den Sabbat nicht einhalten – sie alle werden eingeladen, mit ihm an einem Tisch zu essen. Auch die Priester, Leviten und Amtsträger der Synagoge sind eingeladen, doch ihre Feindseligkeit Jesus gegenüber steigert sich immer mehr, bis sie beschließen, ihn zu töten. Er hat ihnen ihren Überlegenheitskomplex genommen und ihre Wertehierarchie, die es ihnen erlaubt, sich selbst zu erhöhen und andere Menschen zu erniedrigen. Doch unbeirrt

Jesus zeigt, dass die Welt nicht so beschränkt ist, wie Menschen es sich einreden.

von Unverständnis und Anfeindungen ruft Jesus zur Nachfolge auf und sammelt Menschen um sich, die ihrerseits weitere Menschen berufen und dazu einladen werden, aus

einer anderen Kraft heraus zu leben als aus dieser egozentrischen Welt.

Immer wieder stellt Jesus das Übel bloß; dadurch macht er sich noch mehr Feinde. Sogar seine eigene Familie hält ihn schließlich für verrückt (Markus 3,21). Dieser Mann redet anderen nicht nach dem Mund; er ist nicht einfach nur ein netter jüdischer Junge aus Nazareth. Seine Mutter Maria allerdings steht letztlich doch zu ihm. Offensichtlich hat es in ihrem Leben einen Wachstumsprozess gegeben. Natürlich war sie von Zweifeln bedrängt und hat sich gefragt, was mit ihrem Sohn geschieht. Sagt er etwas, das ihn unbeliebt macht?

Ich erinnere mich daran, dass mich meine Mutter ermahnt hat, keine Schimpfwörter in meinen Büchern und CDs zu verwenden, weil sie sonst niemand kaufen würde. Mütter wollen nun einmal, dass ihre Söhne beliebt sind. Und auch Maria hat schlicht Angst davor, dass ihr Sohn unbeliebt ist.

Würdige Menschen außerhalb des heiligen Raums leben aus einer anderen Kraft als der einer egozentrischen Welt – Jesus zeigt immer wieder, dass die Welt nicht so beschränkt ist, wie Menschen es sich einreden. Die nächtlichen Bootsfahrten, von denen das Markusevangelium berichtet (vgl. beispielsweise Markus 4,35), symbolisieren den Aufbruch zu einem neuen Ort. Wie oft überquert Jesus den See! Niemals geht es dabei nur um den Wechsel des geografischen Orts, sondern immer auch um einen neuen inneren Ort, um einen neuen Standpunkt mit einer neuen Sicht. Jesus zeigt den Menschen, dass es mehr gibt als die jüdische Welt.

Und was haben wir Christen in seiner Nachfolge getan? Wie lange haben wir uns in unseren eigenen Kirchen versteckt aus Angst, von Menschen „angesteckt" zu werden, die etwas anderes denken und glauben. Wir könnten die schreckliche Krankheit Häresie bekommen. Das Ein- und Aus- und Abgrenzen erinnert auf fatale Art an das Alte Testament, dessen Gesetzlichkeit Jesus so scharf verurteilt. Warum aber sind wir nicht seiner Kritik gefolgt, sondern setzen immer noch auf kleinliche Grenzstreitigkeiten? Weil wir keine nächtlichen Bootsfahrten zu neuen Orten unternommen haben, wo unser Ego eine Zeitlang in die Dunkelheit geführt wird und Gott die Verantwortung übernehmen lassen muss. Verständlich, aber gewiss keine Nachfolge Jesu!

Der Katechismus im Markusevangelium

Der Autor des Markusevangeliums hat in den Kapiteln 8–10 vermutlich eine Art „Katechismus“ verarbeitet. Dreimal erklärt Jesus, was er unter Reise, Verwandlung und Nachfolge versteht. Dreimal kämpft der innere Kreis seiner Jünger gegen ihn an und Jesus nutzt diesen Kampf, um seinen Standpunkt zu verdeutlichen.

Zum ersten Mal spricht Jesus von Nachfolge und ihrer Bedeutung in Kapitel 8,27-38. Widerspruch erfährt er – vom Papst! Als ersten Papst bezeichnet die katholische Kirche den Jünger Petrus. Ist es nicht geradezu schockierend, dass der Papst in einem so unfreundlichen Licht dargestellt wird? Könnte heute ein Mensch, der der Botschaft Jesus so deutlich widerspricht, an der Spitze der Kirche stehen? War also hier doch nur ein einzelner Jünger mit seinen Zweifeln gemeint? Nein, Markus will zeigen, dass sich die Gemeinschaft der Nachfolgenden als Ganze Jesus widersetzen kann. Jesus will sie nach unten führen und Petrus widerspricht (Markus 8,31-32). Ungewöhnlich scharf fällt die Reaktion Jesu aus. Nur hier bezeichnet Jesus einen Menschen, nämlich Petrus, als Teufel: „Und Petrus nahm ihn beiseite und fing an ihm zu wehren. Er aber wandte sich um, sah seine Jünger an und bedrohte Petrus und sprach: Geh weg von mir, Satan! Denn du

Jesus will nicht ausschließen, sondern verwandeln.

meinst nicht, was göttlich, sondern was menschlich ist" (Markus 8,32-33).
Jesus nutzt diese Situation nicht, um Petrus auszuschließen. Jesus will nicht ausschließen, sondern verwandeln.
Gerade in seinem Temperament und seinen oft vorschnellen Reaktionen ist Petrus eine attraktive Identifikationsfigur für uns. Petrus macht immer alles falsch, lässt aber Jesus zeigen, wie es richtig ist. Das zeigt die beiden in einer ganz engen Beziehung – welch wunderbare Hoffnung für *unsere* Beziehung zu Gott.
Jesus ruft Menschen in seine Nachfolge. Diese Nachfolge bedeutet, sich von seinem Selbst loszusagen, von dem, was uns nach unserer Überzeugung ausmacht, unserer kleinen Identität. Der in diesem Zusammenhang verwendete Ausdruck „Nimm dein Kreuz" (vgl. Markus 8,34) stammt sicher nicht von Jesus, sondern erst aus späterer Zeit, denn zu dem Zeitpunkt, als Jesus in die Nachfolge ruft, hatte die Kreuzesgeschichte ja noch gar nicht stattgefunden. Der Kern seiner Botschaft ist damit jedoch exakt getroffen. Nachfolge heißt nicht „Bewundere mich" oder „Bete mich an", sondern „Nimm dein Kreuz und folge mir", „Tu, was ich tue". Damit ist die Reise der Verwandlung bezeichnet. Denselben Weg wie Jesus zu gehen bedeutet, die Bürde der ganzen Geschichte auf sich zu nehmen, der Geschichte mitsamt ihrem Schmerz und ihrer Sünde. Dann ist es nicht

Wer das Kreuz auf sich nimmt, gibt zu,
mitschuldig zu sein an all den Sünden,
die er an anderen ablehnt.

länger möglich, das Negative auf andere zu projizieren. Wenn ich das Kreuz auf mich nehme, so gebe ich zu, mitschuldig zu sein an all den Sünden, die ich an anderen Religionen und anderen Völkern hasse. Die Realität des Menschseins zu ertragen, das bedeutet für mich das Kreuz. Deshalb bin ich noch immer katholisch, trotz all der Verfehlungen der katholischen Kirche.

Zur Kirche der in diesem Sinn Nachfolgenden gehören alle Menschen, Katholiken, Protestanten oder Häretiker, und somit die gesamte Geschichte mit all ihren Verfehlungen und ihrer Häresie. Wir haben gemeinsam dieses Kreuz zu tragen. Die Wirklichkeit der Welt anzunehmen, statt zu verleugnen oder zu projizieren, ist der mutigste Schritt, den wir in unserem ganzen Leben je gehen können. Wenn wir ihn aber gehen, haben wir natürliches Mitgefühl, natürliche Sympathie, dann ist nicht länger Zeit für Wut und Hass auf andere.

Ich bin meinem Feind begegnet und dieser Feind heißt Richard. Ich selbst bin mein eigentlicher Feind. Ich wünschte, ich könnte jeden Tag aus dieser Einsicht leben, doch es gelingt mir nur ab und zu. Im völligen Rückzug während der Fastenzeit bin ich mit diesem Feind konfrontiert und kann ihm nicht ausweichen. Wenn ich ganz allein bin mit mir und Gott (und höchstens noch ein paar Eidechsen), kann ich meine Schatten auf niemanden mehr projizieren. Hier

erkenne ich, dass der Schatten Teil meiner selbst ist, dass ich selbst zum Schatten beitrage, dass ich selbst Teil davon bin. Nur so kann ich daran leiden und lernen, die Schattenseite zu ertragen. Leiden heißt auf Lateinisch *passio*. Die
Passion Christi meint also das Erleiden der Realität, das Ertragen der Bürde des Menschseins.

Zum zweiten Mal beschreibt Jesus die Nachfolge in Markus 9,30. Wieder erklärt er, dass er den Weg nach unten und nicht nach oben nehmen wird: „Der Menschensohn wird überantwortet werden in die Hände der Menschen und sie werden ihn töten; und wenn er getötet ist, so wird er nach drei Tagen auferstehen." In diesem einen Satz ist die gesamte Jesusgeschichte zusammengefasst und zugleich die gesamte Geschichte des Lebens. Dieser eine Satz benennt das Mysterium der Passion, die Reise der Verwandlung, den Tod und die Auferstehung und damit die einzige Weise, wie ein Mensch wiedergeboren wird.

Man muss die Auferstehung nicht beweisen, die Auferstehung kann für sich selbst sorgen. Das Ego muss überzeugt werden – von der Notwendigkeit der Kreuzigung, vom Loslassen, von der Aufgabe des falschen Selbst, von der Notwendigkeit der Kapitulation seines Selbst. Wenn ein Mensch das erreicht hat, wird er zu dem, der er in Gott bereits ist. Das ist mit Auferstehung gemeint.

Dass der Tod zur Auferstehung führt, ist schwer zu glauben, aber immerhin ein Hoffnungsbild. In der Notwendigkeit der Kreuzigung können wir jedoch keinerlei Hoffnung erkennen und deshalb lehnen wir uns radikal dagegen auf. Über die Notwendigkeit des Abstiegs geraten die Jünger auch hier mit Jesus in Streit. Geschlossen stellen sie sich gegen ihn: „Und sie kamen nach Kapernaum. Und als er daheim war, fragte er sie: Was habt ihr auf dem Weg verhandelt? Sie aber schwiegen." (Markus 9,33) Man sieht geradezu die erregten Gesichter der Jünger vor sich, denn sie hatten darüber gestritten, wer von ihnen der Größte sei. Erinnert uns das nicht an die Politik, an das Kräftemessen zwischen West und Ost, und ebenso an all die unendlich vielen Auseinandersetzungen im kleineren Rahmen? Und Jesus setzt sich nieder, ruft die Kontrahenten zu sich und sagt: „Wenn jemand will der Erste sein, der soll der Letzte sein von allen und aller Diener." (Markus 9,35)

Gewiss, die „Herrschaft des Dieners" ist ein akzeptierter theologischer Topos. Doch spielt das Dienen auch in unserem Leben eine Rolle? Wie wenig Theologisieren hilft, macht Jesus deutlich, indem er den Menschen als Kind zeigt (Markus 9,36-37). Ein Kind hat keinerlei gesellschaftliche Bedeutung, keinerlei Gewicht oder Macht. Indem Jesus den Menschen als Kind zeigt, demonstriert er noch einmal, dass die Letzten die Ersten sein werden und dass Ego, Status, Macht und Stellung als das identifiziert

Die Passion Christi meint das Erleiden der Realität, das Ertragen der Bürde des Menschseins.

werden müssen, was sie tatsächlich sind. Genau die gleiche Bedeutung haben die folgenden, sehr archaischen Verse über das Abhacken der eigenen Hand und das Ausreißen des eigenen Auges (Markus 9,43-47): Es geht nicht um Gewalt gegen andere, sondern um den Kampf gegen das eigene, kleine, falsche Selbst.

Auch die dritte Beschreibung der Nachfolge in Markus 10,32-45 benennt den Abstieg und den Widerstand dagegen. Jesus und die Jünger sind unterwegs nach Jerusalem. Jesus geht voran, die Jünger folgen ihm tief in Gedanken versunken, denn sie können die Geschehnisse nicht begreifen und sind von Sorge erfüllt.

Jesus lehrt also zum dritten Mal das Mysterium der Passion. Dieses Mal spricht er zu Jakobus und Johannes, wieder zwei aus dem engsten Kreis. Immer in der Darstellung des Markusevangeliums sind es die Eingeweihten, die am wenigsten begreifen: „Da gingen zu ihm Jakobus und Johannes, die Söhne des Zebedäus, und sprachen: Meister, wir wollen, dass du für uns tust, um was wir dich bitten werden.“ (Markus 10,35) Die Frage zeigt die Umkehrung der Beziehung zwischen Gott und dem Menschen. Nicht länger sind Jakobus und Johannes Diener Gottes, sondern sie machen Gott selbst zu ihrem persönlichen Diener. Das mag verwerflich erscheinen, aber wie oft geschieht in der Religion genau das!

In der wahren Taufe,
der wahren Verwandlung des Blutes,
stirbt das falsche Selbst
und dieser Tod schmerzt zutiefst.

Jesus fragt ganz unvoreingenommen nach ihrem Wunsch. In all ihrer Arroganz und männlichen Großartigkeit fordern Jakobus und Johannes: „Gib uns, dass wir sitzen einer zu deiner Rechten und einer zu deiner Linken in deiner Herrlichkeit." (Markus 10,37) Absurd oder eher kindisch? Diese beiden Männer waren so lange Zeit mit Jesus zusammen und haben seine Lehre noch immer überhaupt nicht verstanden. Als ob es um einen Thron in der Herrlichkeit des Himmels ginge!

Wieder reagiert Jesus nicht ungehalten, sondern sagt nur: „Ihr wisst nicht, was ihr bittet. Könnt ihr den Kelch trinken, den ich trinke, oder euch taufen lassen mit der Taufe, mit der ich getauft werde? Sie sprachen zu ihm: Ja, das können wir." (Markus 10,38-39) Männlicher Größenwahn! Die beiden haben noch immer nicht begriffen, dass es um Abstieg geht. Sie sind voll und ganz mit ihrem Aufstieg beschäftigt.

Doch Jesus gibt sie auch jetzt noch nicht auf: „Ihr werdet zwar den Kelch trinken, den ich trinke, und getauft werden mit der Taufe, mit der ich getauft werde." (Markus 10,39) Mit der Taufe ist hier nicht der harmlose Wasserritus gemeint, den wir daraus gemacht haben. In der wahren Taufe, der wahren Verwandlung des Blutes, stirbt das falsche Selbst und dieser Tod schmerzt zutiefst. „Zu sitzen aber zu meiner Rechten oder zu meiner Linken, das steht mir nicht zu, euch zu geben, sondern das wird denen zuteil, für die es bestimmt ist." (Markus 10,40) Letztlich aber wird den Jüngern die Gemeinschaft mit Jesus zuteil. Welch ein Hoffnungsbild! Sind wir nicht wie diese beiden? Wenn die engsten Vertrauten so sehr im Irrtum sein können wie hier und wir sie immer noch die zwölf Apostel nennen können, bedeutet das dann nicht auch Hoffnung für uns?

Die Entwicklung der Spiritualität

Die historische Entwicklung

Die Entwicklung der christlichen Spiritualität ist wesentlich beeinflusst von der Stoa und den prometheischen Wurzeln der römischen Kultur. Von der römischen heroischen und prometheischen Sprache des Aufstiegs fühlt sich das Ego angezogen; dieser Aufstieg scheint zu Gott zu führen. Für das wahre Selbst spielt das Heroische keine Rolle; das falsche Selbst dagegen glaubt, alles Heroische müsse Gott gefallen. Das Heroische spiegelt sich über die Jahrhunderte auch in den Strukturen der Kanonisierung wider: Märtyrer wurden sofort heiliggesprochen. Nicht ein verwandeltes oder erleuchtetes Leben war wichtig, sondern eine große, heldenhafte Tat zeichnete den Heiligen aus. Damit will ich die Heiligkeit der Märtyrer nicht infrage stellen. Aber es ist bezeichnend, dass das Augenmerk auf das Heroische statt auf die Verwandlung gerichtet wird. Der Märtyrer muss nicht zu einem liebenswerten, bescheidenen oder dienenden Menschen geworden sein, es musste ihm nur ein großer Wurf auf der Bühne des Lebens gelingen. Genau das bezeichne ich als prometheische Spiritualität.

Thomas Merton hat behauptet, dass wir Prometheus mehr verehren als Jesus. Oder überwiegt vielleicht doch der Einfluss der Stoa? Und entspricht das stoische Ideal nicht zentralen christlichen Tugenden? Wenn der Mensch etwas tut, was der Natur, seinem Willen oder dem Körper widerspricht, müsste Gott davon nicht sehr angetan sein? Spiritualität kennt diese Züge, aber eine solche Lebensweise kann sich nicht auf Jesus berufen! Johannes der Täufer fastete und führte ein asketisches Leben (und wurde dafür kritisiert). Jesus dagegen isst und trinkt (und wird dafür kritisiert).

Ob prometheisches Denken oder stoische Prinzipien – der Einfluss der Kultur auf die Spiritualität ist unbestreitbar. Sie wird dadurch keineswegs in irgendeinem Sinne „falsch", nur sollten wir aufhören, solche Wurzeln auf Jesus zurückzuführen. Jesus ist – und das ist das Skandalon – völlig frei. Er ist weder an Rituale gebunden noch ist er ein Gesetzesmann oder ein Priester – nichts von dem, was wir mit Religion in Verbindung bringen. Und schon gar nicht können wir ihn für unsere Sicht der Sünde in Anspruch nehmen.

Als religiöser Anführer ist Jesus denkbar ungeeignet. Der bedeutende Mythenforscher und Anthropologe René Girard hat gezeigt, wie problematisch es ist, Jesus als Gründer einer Religion zu sehen. Denn Religion nimmt ihren Anfang mit einer Unterscheidung, und zwar der Unterteilung der Welt in das Reine und das Unreine. Jede Religion beginnt damit: Dieser Ort ist rein, jener Ort ist unrein. Diese Rasse ist rein, jene Rasse ist minderwertig und unrein. Dieses Ritual oder die Berührung dieses Gegenstandes macht heilig, die Berührung jenes Gegenstandes macht unrein und unheilig. Dieses Anfangsstadium der Religionen lässt sich vielfältig nachweisen, unter anderem in den Stammesreligionen.

Die Sprache des Abstiegs und die Spiritualität der Unvollkommenheit waren niemals in der Geschichte völlig verloren. Beispielsweise finden wir sie bei den Wüstenvätern und Wüstenmüttern. Auch sie sind jedoch nicht frei von stoischen und prometheischen Einflüssen. Sie wollen etwas Heldenhaftes tun und verlassen das Römische Reich. Aber sie sind bereit, sich auf den Abstieg einzulassen, sie begeben sich in die schreckliche Verlassenheit und führen ein einfaches und ärmliches Leben. Beide Seiten sind also vorhanden.

Nicht nur in der Wüste, sondern auch in der Abgeschiedenheit des Klosters haben sich Menschen um ein besonderes Leben bemüht. Über Jahrhunderte haben Nonnen und Mönche sich für ein Leben in Keuschheit und Armut entschieden und auf jede Bequemlichkeit verzichtet, um am Ende Erleuchtung und die Gnade Gottes zu verdienen. Ist der Gedanke des Verdienstes nicht aber eine Unterstellung? Wollten Nonnen und Mönche sich wirklich etwas „verdienen"? Ja, ich bin davon überzeugt, dass dieser Gedanke in vielen Fällen – oft vielleicht nicht einmal bewusst – ein entscheidender Antrieb war.

Die Sprache des Abstiegs und die Spiritualität der Unvollkommenheit finden sich bei den Wüstenvätern und Wüstenmüttern.

Die 68er Jahre des 20. Jahrhunderts markieren auch im Mönchtum einen Umbruch. Die Austritte mehrten sich sprunghaft. Offensichtlich wirkte die Motivation nicht länger, man könne sich durch das Leben im Kloster Erlösung verdienen oder Würdigkeit erlangen. Viele junge Männer empfanden sich nicht länger heiliger als die Laien, nicht mehr heiliger als Verheiratete. Mit dem Verlust der Überzeugung, etwas Heldenhaftes zu leisten, ging auch die Motivation für ein klösterliches Leben verloren.

Von dieser Entwicklung haben wir uns bis heute nicht erholt und es ist schwer, das religiöse Leben ohne das Paradigma der Überlegenheit neu zu definieren. Vielleicht ist das erst Menschen in der zweiten Lebenshälfte möglich. Wir, die wir uns für die Fortführung unseres Lebens als Mönche entschieden haben, wissen, dass wir nicht besser beten und dass wir oft wohl weniger großzügig sind als verheiratete Männer mit vier oder sechs Kindern, aber wir haben einen Platz in der Kirche und haben andere Aufgaben. Die Hand kann nicht zum Auge sagen: Ich brauche dich nicht. Der Fuß kann nicht zum Ohr sagen: Ich brauche dich nicht. Wir brauchen viele verschiedene Rollen und Ämter.

Der Westen ist durch seine Wurzeln einer imperialistischen und kolonialistischen Weltanschauung geprägt. Doch die weisen Lehrer haben immer wieder betont, dass

Nur durch die Auseinandersetzung mit dem Schatten gelangen wir vom Unbewussten zum Bewussten.

es einen anderen Weg gibt. Der Weg des Aufstiegs, des Großreichs, der Kontrolle ist nicht der Weg der Weisheit. In der Politik ist es kaum möglich, die Sprache des Kontrollverzichts zu sprechen. Diese Gedanken müssen auf andere Weise Ausdruck finden.

Die Spiritualität des Aufstiegs hat in den 60er Jahren des letzten Jahrhunderts mit der Psychologie und der Theologie der Ganzheit einen ganz neuen und verführerischen Weg gefunden. Heilung und Ganzheit schienen erreichbar. Doch implizierte Ganzheit oft unerkannt Vollkommenheit – ein zutiefst unmenschliches Konzept, allenfalls der Mathematik angemessen. Und selbst die Mathematik kann keine letzte Vollkommenheit finden, wie die Mathematiker von heute feststellen.

Ganzheit bzw. Vollkommenheit ist also kein brauchbares Konzept, selbst wenn wir von der psychologischen Heilung und Ganzheit gefesselt waren. In meiner Generation ist die Psychologie allgegenwärtig. Wesentliches Ziel war und ist es, die Wunden zu heilen, die die Eltern verursacht haben. In dieser Fokussierung ist nicht länger Platz für den traditionellen Gedanken von der Erbsünde. Bedauerlich, denn ich halte die Erbsünde für eine Lehre der Gnade und Barmherzigkeit. Sie zeigt uns, dass wir keine Vollkommenheit erwarten sollen, aber auch nicht davon überrascht oder schockiert sein sollen, dass es tragische Fehler gibt, unausweichlich tragisch, wie es die berühmten Tragödiendichtungen der Antike und Shakespeares darstellen. Auch wenn wir andere nicht absichtlich verletzen, sind wir dennoch im Netz des Bösen verstrickt. Wir alle profitieren vom Bösen: Jedes Mal, wenn ich ein Flugzeug besteige, um die Welt zu bereisen, bin ich Teil des Systems. Darüber mache ich mir keine Illusionen.

Der tragische Fehler liegt im Herzen des Menschen. Die Basis ist gut, denn sie ist von Gott geschaffen, doch im Inneren steckt der Makel. Nur wenn wir in Spannung, Stress, Beziehungen und Konflikten mit diesem Makel leben, erlangen wir Bewusstsein. Früher oder später muss jeder sich mit seinem Schattenselbst auseinandersetzen; jeder muss erkennen, dass das, was er an anderen hasst oder fürchtet, er selbst ist. Diese Erfahrung ist erniedrigend. Doch nur durch die Auseinandersetzung mit dem Schatten gelangen wir vom Unbewussten zum Bewussten, wie auch C.G. Jung sagt.

Die Sprache der Ganzheit klingt überaus verlockend, wir alle wollen ganz und heil sein. Darin zeigt sich unser Streben nach Gott. Doch letztlich können wir Ganzheit nur in Gott erfahren. Der Glaube, das falsche Selbst, das eigensinnige Ego, das unabhängige Ich könnte mithilfe von Therapien und Selbsthilfebüchern heil werden, ist ein Irrglaube. Selbst nach noch so vielen Versuchen, nach noch so großer

Anstrengung kommt irgendwann der Augenblick, in dem man erkannt, dass man ist, was man ist, was man ist. Das können wir in all unserer Ärmlichkeit an Gott zurückgeben, mehr haben wir nicht zu bieten. Doch dieses Wenige genügt.

Die individuelle Entwicklung

Der Unterteilung der Welt in das Reine und das Unreine als Charakteristikum der Religion läuft die Botschaft Jesu radikal zuwider. Jesus findet Gott unter den Unreinen und nicht unter den Reinen. Wir haben die Unterteilung jedoch so stark verinnerlicht, dass wir diese Denkweise auch im Namen Jesu aufrechterhalten, ohne uns wirklich auf ihn berufen zu können. So zu denken erlaubt es uns, uns selbst als rein, gerettet, überlegen, moralisch korrekt und bedeutend zu sehen. Die Vorstellung, dass Gott zu uns herunterkommt – das ist ja die eigentliche Bedeutung der christlichen Inkarnation –, ist uns nahezu unerträglich. Stattdessen setzen wir darauf, zu ihm hinaufzusteigen.
Die Treppe der christlichen Spiritualität führt eindeutig nach unten. Wir mögen den Abstieg nicht, wir wollen nicht über Armut, Erniedrigung, Aufgabe, Verlassensein sprechen. Wir wollen nicht über diesen Weg sprechen und noch

Die strukturelle Sünde unserer Gesellschaft und das Übel in der Welt sind für den Einzelnen nicht mehr durchschaubar und in ihrer Masse und Grausamkeit nicht länger zu ertragen.

viel weniger wollen wir diesen Weg *gehen.* Also benutzen wir Jesus als Frontmann, als greifbares Gottesbild für die westliche Zivilisation. In Wahrheit aber meinen wir damit Moralismus, Ritualismus, Dogmatik, Gesetzestreue, Priesterschaft und wollen Gott damit überreden, uns zu lieben, weil wir reiner und enthaltsamer sind als andere und regelmäßig in die Kirche gehen. Ironisch könnte man sagen: Wir gehen die Treppe abwärts hinauf.

Katholiken gehen nicht mehr so oft zur Beichte wie früher, vielleicht weil sie es ablehnen, sich selbst als „unwürdig" zu sehen. Und was wird da gebeichtet! Fast jeder erzählt mir Dinge wie: „Ich war am Sonntag nicht in der Messe." Das hat nichts, aber auch gar nichts mit dem Übel der Welt zu tun und noch nicht einmal mit einer moralischen Verfehlung. Es mag sein, dass die strukturelle Sünde unserer Gesellschaft und das Übel in der Welt für den Einzelnen nicht mehr durchschaubar und in ihrer Masse und Grausamkeit nicht länger zu ertragen sind. Die scheinbare Lösung besteht darin, das Übel zu trivialisieren. Nahezu alle Menschen, die sich um den versäumten Besuch der Messe sorgen, sind guten Willens. Es ist fatal, dass sie in dem Bemühen, das Beste zu tun, das wirklich Wichtige versäumen. Und es ist fatal, dass es in der Kirche viel zu wenige wahrhaft inspirierte, gewandelte Menschen als Vorbilder gibt.

Der Verdrängungsmechanismus ist verständlich, aber wir

Wenn ein junger Mensch zwischen 15 und 18 nicht mit vorbildhaften Menschen oder Visionen in Berührung kommt, bleibt er auf einer Stufe des Zynismus stehen.

dürfen die wahre Natur des Übels nicht länger verharmlosen, indem wir harmlose Dinge böse nennen und die moralische Aufmerksamkeit darauf richten, und das wahre Böse, wie zum Beispiel einen Krieg, einfach ausblenden. Es darf nicht länger sein, dass wir nicht für den Frieden beten oder es versäumen, in den Fürbitten der Opfer und der Leidenden zu gedenken. Wir stehen am Rande einer großen Katastrophe und wofür beten wir? Die gesellschaftliche Ordnung möge halbwegs aufrechterhalten bleiben, unser Ego möge unbeschadet sein.

Sünden – so wie wir sie gemeinhin verstehen – zu vermeiden kann das Ego geradezu in einen Rausch versetzen. Wie stolz kann man sein und wie gut ist man, wenn man all die bösen Dinge nicht mehr tut: Man trinkt nicht, nimmt keine Drogen, hat keinen unehelichen Sex. Das lässt sich schnell und relativ einfach erreichen und scheint effektiv. Es gibt also keinen Grund, an diesem Verhalten irgendetwas zu ändern. Die meisten organisierten Religionen honorieren diese Einstellung.

Für die erste Lebenshälfte ist dieses Verhalten auch durchaus angemessen. In der ersten Hälfte des Lebens müssen wir uns eine Identität und Grenzen schaffen. Das Heldenhafte, Ideale und Absolute ziehen uns an. Das erkennt man besonders bei jungen Männern und ihrem Interesse an allem Militärischen und an ihrem Denken in Feindbildern.

Ihre Welt gewinnt dadurch deutliche Konturen und sie sind sicher, auf der Seite des Guten zu stehen. Das wirkt entlastend und diese Entwicklungsstufe ist notwendig. Allerdings darf man auf dieser Stufe nicht stehen bleiben; sie gilt nur für die Planung der ersten Lebenshälfte.

Man erschafft sich sein Ego, um es am Ende zu verlieren. So spricht Jesus. Johannes der Täufer und seine Religion stehen für die erste Lebenshälfte. Das Christentum von heute erinnert mich eher an ihn, denn es befasst sich hauptsächlich mit Sittlichkeit und Regeln.

Das Johannesevangelium beschreibt den jungen, suchenden Menschen metaphorisch. Jesus sagt zu Petrus, dem archetypischen Christen: „Als du jünger warst, gürtetest du dich selbst und gingst, wo du hinwolltest." (Johannes 21,18) Das steht für Ego und Willensstärke. Das ist die prometheische und stoische Spiritualität. Ich sehe sie in jungen Männern aus dem Priesterseminar, aber leider auch bei 60-jährigen Priestern. Das heldenhafte Bedürfnis junger Männer, heiliger, reiner, besser zu sein als die anderen, ist verständlich, bei älteren Männern wirkt es im besten Falle lächerlich.

Die moderne Hirnforschung hat gezeigt, dass der psychischen Entwicklung Entwicklungen im Hirnaufbau entsprechen. Joseph Chilton Pearce spricht in diesem Zusammenhang von der Biologie der Transzendenz. Wenn ein junger

Mensch zwischen 15 und 18 nicht mit vorbildhaften Menschen oder Visionen in Berührung kommt, bleibt er auf einer Stufe des Zynismus stehen. Um das zu vermeiden, wurden früher die jungen Männer initiiert: Sie mussten das große Ganze erkennen. Ohne die Berührung mit dem großen Ganzen werden Funktionen des Hirns nicht ausgebildet und damit entstehen sogar biologische Hindernisse für eine Verwandlung in der zweiten Hälfte des Lebens.

Wir brauchen also Helden. Wer keine wahren Helden findet, die ihm eine großartige, wunderschöne Welt zeigen, sucht die Lösung allzu oft bei falscher Transzendenz: bei Rockstars und Filmidolen, bei all den „Prominenten". Zugegeben, das Gemeinschaftserlebnis eines lauten Rockkonzerts im Stadion zusammen mit hunderttausend anderen Menschen fühlt sich fast wie Transzendenz an. Auch Menschen bei Sportveranstaltungen glauben ernsthaft, sie seien Teil von etwas wirklich Bedeutendem. Ich will Sportfans nicht kritisieren, aber ob diese oder jene Veranstaltung stattfindet oder nicht, spielt in Wahrheit überhaupt keine Rolle. Auch die Menschen, die an irgendeinem anderen lauten Großereignis mit vielen Menschen teilnehmen oder in einer Armee mitmarschieren, fühlen sich großartig. Aber was sie empfinden, ist nur Pseudo-Großartigkeit. Unter der Pseudo-Transzendenz aber – und das ist Grund zur Hoffnung – verbirgt sich die Suche nach der wahren Transzen-

Unter der Pseudo-Transzendenz verbirgt sich die Suche nach der wahren Transzendenz.

denz, der Instinkt für Gott, wie man es in den Kategorien des Glaubens ausdrücken könnte.

Abstieg – davon handeln die Geschichte von Abraham und Sara, das Hiobbuch und die Gottesknechtslieder aus dem Jesajabuch, die Jesus öfter zitiert als andere Texte des Ersten Testaments. Verdienst – davon spricht beispielsweise der Heilige Johannes Klimakos (vor 579–um 649), der immer wieder dazu anhält, sich in den Tugenden zu üben, um schließlich von Gott angenommen zu werden. Beide Denkweisen hat es immer gegeben; für die erste Lebenshälfte ist der Verdienstgedanke auch durchaus angemessen.

Auch ich war ein heldenhafter kleiner Idealist. Irgendwann habe ich die gleiche Erfahrung wie Paulus gemacht, als ich inmitten meiner Reise plötzlich bemerkte, dass ich mich nicht in Gott verliebte, sondern in mich selbst und meine eigene Vollkommenheit. Ich war der perfekte Novize, schließlich bin ich im Enneagramm eine Eins. Immer war ich pünktlich, ich arbeitete härter, als es erwartet wurde, ich ging pünktlich ins Bett und betete fleißig. Ich war in allem perfekt, aber dadurch verliebte ich mich nicht in Jesus. Auch Paulus war in seiner ersten Lebenshälfte auf Perfektionismus bedacht. Erst die wahre Bezogenheit auf Jesus Christus aber führt zur Umkehr, zur Spiritualität der zweiten Lebenshälfte. Das 3. Kapitel des Philipperbriefs legt davon in bewegenden Worten Zeugnis ab.

In ihrer ganzen Tragweite ist die biblische Spiritualität nur in der zweiten Lebenshälfte zu verstehen.

In der Spiritualität der zweiten Lebenshälfte geht es nicht mehr um Selbstkontrolle. Selbstkontrolle stellt das Ego über die Einheit. Um zur Einheit zu gelangen, ist es also unvermeidlich, die Kontrolle aufzugeben. Das Thema der zweiten Lebenshälfte ist die Aufgabe jeder Kontrolle. Wer in der zweiten Lebenshälfte die unreifen Tugenden der Selbstkontrolle beibehält, die für die erste Lebenshälfte wichtig sind, wird starr, unbeweglich, kleinlich, lieblos und lässt Liebe, Leidenschaft, Freiheit, Freude und Lachen sterben. Die Kirchen sind voll von Christen mit diesem Mangel. Sie haben ihn nicht selbst verschuldet, denn sie haben nie eine Alternative erfahren und denken zwangsläufig, es gehe immer um Selbstkontrolle.

Jesu Kritik an der Selbstkontrolle zeigt sich beispielhaft in der Geschichte vom Ährenraufen (vgl. Markus 2,23-28). Der Hunger der Bedürftigen steht über dem starren Wortlaut des Gesetzes. Dass aus dem Christentum eine legalistische Religion werden konnte, ist höchst erstaunlich, denn dafür gibt es bei Jesus keinerlei Grundlage. Trotz seiner erst 30 Jahre ist er bereits ein Mensch der zweiten Lebenshälfte. Junge Menschen, die sehr viel Leid ertragen müssen, behindert sind oder in großer Armut leben, lassen trotz ihrer Jugend sehr oft eine uralte Weisheit erkennen. Das habe ich selbst besonders in Indien gesehen. Solche Menschen werden sehr viel schneller erwachsen, weil sie das

Leiden erfahren und die Grenzen des falschen Selbst erkennen.

In der biblischen Spiritualität geht es um den Abstieg. In ihrer ganzen Tragweite ist diese Spiritualität nur in der zweiten Lebenshälfte zu verstehen und sie kann ihren ganzen Reichtum auch nur dann entfalten, wenn man die Prüfung in der ersten Lebenshälfte bestanden hat. Dann aber gibt diese Spiritualität eine unglaubliche Freiheit. Diese Freiheit fasst der Heilige Augustinus (354–430) in einem seiner berühmtesten Worte so zusammen: „Liebe Gott und tu, was du willst."

Natürlich müssen wir zentrale Werte verinnerlicht haben, beispielsweise Disziplin, Ordnung und Selbstkontrolle, um erwachsen zu werden; wir müssen verinnerlicht haben, nicht zu stehlen und nicht mit jedem attraktiven Menschen zu schlafen, um uns zurückzuhalten und um die eigene Seele zu finden. Wenn wir diesen Fundus in der ersten Lebenshälfte angelegt haben, sind wir bereit für die zweite Lebenshälfte. Viele Menschen haben jedoch die Aufgaben der ersten Lebenshälfte nicht bearbeitet. Das ist der Grund, warum die konservative, auf Sittlichkeit bezogene Religion einen so hohen Stellenwert gewinnen konnte. Angesichts anscheinend ziel- und gesetzlos lebender Menschen scheint es ja auch naheliegend, das Gesetz zu bekräftigen.

Wenn jedoch der Übergang in die zweite Lebenshälfte gelingt, verändern sich alle Regeln. Plötzlich ist anderes wichtig und bedeutend. Die Fähigkeit nimmt zu, mit Gegensätzen und Widersprüchen zu leben. Das ist Zeichen der Entwicklung. Ebenso wächst die Bereitschaft, Menschen und ihr Tun zu akzeptieren, auch wenn die eigenen Maßstäbe ganz anders sind. Das ist Zeichen der Reife.

Junge Menschen sind in ihrer Identität noch unreif. Verständliches Zeichen dieser Unreife ist beispielsweise die latente Gewaltbereitschaft gegenüber Homosexuellen. Junge Männer sind sich ihrer eigenen Heterosexualität häufig so unsicher, dass sie gleichgeschlechtlich Liebende schlechtmachen oder gar tätlich angreifen müssen, um ihren Freundinnen und wohl auch sich selbst zu beweisen, dass sie echte Männer sind. Der Mechanismus ist verständlich. Wenn aber 60-Jährige noch immer so denken, fällt es mir schwer, mich in Nachsicht zu üben. Mit 60 sollte ein Mensch wirklich erwachsen sein und anderen mit Mitgefühl begegnen können. Und doch sollte ich meine Forderung nicht gar zu kategorisch formulieren, denn es hat lange genug gedauert, bis ich selbst halbwegs erwachsen war, und noch immer verstehe ich vieles nicht. Deshalb bin ich ebenso auf Nachsicht und Geduld angewiesen, wie auch ich sie umgekehrt üben will.

Die Welt nicht länger schwarz und weiß zu sehen bedeutet nicht, Gesetze für überflüssig zu halten oder statt an eine

Die Fähigkeit, mit Gegensätzen und Widersprüchen zu leben, ist Zeichen der menschlichen Entwicklung.

funktionierende Ordnung vielmehr an eine nicht funktionierende Unordnung zu glauben. Gesetz und Ordnung haben aber nicht länger allein normative Kraft. In der Welt, wie Jesus sie versteht, ist es möglich, durch Fehler und Unordnung zu Gott zu kommen.

Auch die Spiritualität der zwölf Schritte der Anonymen Alkoholiker setzt nicht auf Gesetz und Funktion, sondern allein auf den Geist. Der Briefwechsel zwischen Bill Wilson (1895–1971), einem der Gründer der Gruppe, und seinem spirituellen Lehrer, einem Jesuiten, zeigt die Entwicklung Wilsons. Sein weiser spiritueller Lehrer führt ihn von der Spiritualität der ersten Lebenshälfte in die Spiritualität der zweiten Lebenshälfte.

Aus dieser reifen, christlichen Weisheit heraus beschreibt Bill Wilson die Spiritualität der zwölf Schritte. Der erste Schritt ist vollkommen eindeutig in der Sprache des Abstiegs formuliert: Solange du nicht zugibst, dass du machtlos bist, sprich nicht über Macht. Genau dieser Abstieg ist das Evangelium, die gute Nachricht, wie Jesus sie verkündigt hat. Es ist bezeichnend, dass der Geist offensichtlich außerhalb der Kirche wirken muss, damit die gute Nachricht wieder in die Kirche gelangen kann. Wie zur Zeit Jesu bedarf die Religion immer wieder reformierender Anstöße von außen, weil sie eine grundlegende Reform aus sich selbst heraus nicht leisten kann. Und wie zur Zeit Jesu wird

Der wahrhaft erleuchtete Mensch
wird von Aussagen der Bibel angezogen,
die ihn zur Verwandlung rufen.

diese Reform nur gelingen, wenn sie die Kraft der Vergebung umfasst.

Die Grundlagen christlicher Spiritualität

Die christliche Spiritualität hat biblische Grundlagen, also jüdische Wurzeln. Deshalb ist es eigentlich undenkbar, dass Christen antisemitisch sind, denn damit verleugnen sie ihre eigenen Wurzeln. Diese christliche, jüdisch geprägte Spiritualität spricht eindeutig die Sprache des Abstiegs, wenn sie sich in dieser Eindeutigkeit auch nicht gleich zu erkennen gibt. René Girard spricht in diesem Zusammenhang von einem „Text in den Wehen".

Der Kernpunkt der Spiritualität findet sich bereits in den ersten Büchern Mose. Schon in 2. Mose 14 geht es um Kontemplation. Gott spricht zu Mose: „Deine einzige Aufgabe ist es, am Ufer des Roten Meeres zu stehen und still zu sein. Ich werde für dich in den Kampf ziehen." (vgl. 2. Mose 14,14) Diese Aussage ist die grundlegende Metapher für das, was wir später Kontemplation nennen. Gott übernimmt den Kampf und Mose muss lernen, still zu bleiben.

Seltsamerweise wird das Thema nicht weitergeführt. Ich stelle mir den Gedankenablauf in der Bibel oft vor wie drei Schritte vor und zwei Schritte zurück. Trotz der Rück-

schritte ist also insgesamt ein Fortschritt zu erkennen. Das ist damit gemeint, wenn die Kirche davon spricht, dass die gesamte Bibel vom Heiligen Geist inspiriert ist. Denn sie führt in die richtige Richtung.
Die fundamentalistische Bibelbetrachtung hat nicht das große Ganze im Blick, sondern hängt sich an einzelnen Sätzen auf, die zumeist mit gesellschaftlicher Ordnung und Kontrolle zu tun haben. Zudem gehören die als Beleg für die eigene Position zitierten Sätze fast immer zu der Kategorie „zwei Schritte zurück". Sie handeln von Rache, Strafe oder der Trennung der Reinen von den Unreinen. Auf fundamentalistisch denkende Menschen wirken solche Sätze unglaublich anziehend. Die Unterteilung der Welt in Rein und Unrein erlaubt es ihnen, sich auf dem festen Grund der Reinheit sicher zu fühlen.
Die wahrhaft verwandelte Seele, der wahrhaft erleuchtete Mensch jedoch wird von Aussagen der Bibel angezogen, die ihn zur Verwandlung rufen und ihm klar machen, dass er noch einen weiten Weg zu gehen hat. Ihn interessieren die Passagen nicht, die ihm erlauben würden, andere Gruppen, andere Individuen oder andere Religionen auszuschließen.
Warum aber werden wir von manchem angezogen und von anderem nicht? Es ist wichtig, dass wir uns darüber Klarheit verschaffen, denn wie die Heilige Teresa von Avila

(1515–1582) sagt, ist Selbsterkenntnis das erste Zimmer im Schloss des Inneren. Wir müssen erkennen, auf welche Muster wir unsere Aufmerksamkeit richten. Wir müssen uns klar machen, durch welche Linse wir die Welt betrachten.

Nach Überzeugung des Heiligen Bonaventura (1221–1274) und anderer Franziskaner darf man niemandem vertrauen, der sich mit der Schrift befasst, jedoch kein Mann des Glaubens ist. Er wird die Bibel nur missbrauchen, weil er ein Mann der Macht ist und kein Mann der Machtlosigkeit. Wird die Bibel in die Hand von Menschen gelegt, die sich nicht auf einer Glaubensreise, also auf einer Reise der Verwandlung befinden, wird sie mit Sicherheit missbraucht. Die Bibel zu missbrauchen ist deshalb so einfach, weil sie neben der Perspektive der Machtlosigkeit auch eine Perspektive der Macht kennt. Vertrauenswürdig ist nur die Macht der Menschen, die selbst eine Reise in und durch die eigene Machtlosigkeit unternommen haben.

Die Spiritualität der Unvollkommenheit ist ein wesentliches Merkmal des Heiligen Franziskus (1181/82–1226), der Lichtgestalt in der christlichen Geschichte. Ganz anders als all seine Zeitgenossen beschäftigt er sich hauptsächlich mit dem Abstieg. Er ist ein bescheidener und armer Mann, der über seiner Kutte Lumpen trägt, damit die Menschen erkennen können, wie es in seinem Inneren aus-

Die Bibel zu missbrauchen ist deshalb so einfach, weil sie neben der Perspektive der Machtlosigkeit auch eine Perspektive der Macht kennt.

sieht. Er verleugnet seine Schatten nicht. Seine Verwandlung ereignete sich, so sagt er, in dem Moment, als er den Leprakranken umarmte. Was ihn vormals mit Hass erfüllt hat, wurde ihm zu Süße und Leben. Er fand Gott im Hässlichen, im Stinkenden, in den Ausgestoßenen, die am Rande von Assisi leben mussten und die Kirchen der Innenstadt nicht betreten durften. In Assisi kann man heute noch die kleine Kirche Portiunkula sehen, die inmitten der Leprakolonie gebaut wurde. Dort fand Franziskus Gott, nicht in den Kirchen mitten in der Stadt.

Ein jüngeres Beispiel ist die Heilige Thérèse von Lisieux (1873–1897). Das französische Mädchen starb bereits im Alter von 24 Jahren. 1997 wurde sie vom Papst wegen ihrer Eingebung zur Kirchenlehrerin ernannt. Thérèse nennt ihre Eingebung ihren „kleinen Weg". Die Katholiken bezeichnen Thérèse als die kleine Blume, weil sie in ihrer Autobiografie schreibt, sie habe sich die Blumen in Gottes Garten angesehen; sie spricht häufig in wunderbaren, ganz einfachen, aber doch tief greifenden Bildern. In Gottes Garten erblickte sie große Lilien und wunderschöne Rosen und wusste, dass sie niemals eine von ihnen werden könnte. In einer Ecke des Gartens entdeckte sie ein kleines Veilchen, von niemandem beachtet und immer in der Gefahr, zertreten zu werden. In diesem kleinen Blümchen erkannte sie sich selbst und ihr war klar, dass Gott wollte, sie solle ihm ein-

Gott alles zu geben, was man selbst ist –
das bedeutet, sein Kreuz zu tragen.

fach alles schenken, was sie selbst ist. Gott alles zu geben, was man selbst ist – das bedeutet, sein Ego zu erniedrigen, das bedeutet, sein Kreuz zu tragen. Die Vollkommenheit

des Geschenks besteht nicht in dem, was Gott wichtig ist, sondern die Vollkommenheit ist das *Geben* des Geschenks. Genau das hat Thérèse von Lisieux begriffen und es ist auf jeder Seite ihrer Autobiografie zu lesen: Sie will sich als Geschenk geben und Gott den Erhabenen und Gnädigen sein lassen.
Vertrauen in die Gnade Gottes zu haben ist schwer, denn es bedeutet, die Sicherheit der eigenen Stärke aufzugeben. Deshalb vertraut selbst die Spiritualität oft nicht auf Gottes Gnade, sondern auf die eigene Willenskraft. Die eigene Anstrengung und die eigene Überlegenheit sind jedoch nicht die Liebe Gottes, sondern Eigenliebe!
In dem Bild vom Garten wird deutlich, wie klar Thérèse von Lisieux wusste, dass es darum geht, am Boden zu sein. Diese Nähe zu Gott ist keineswegs esoterisch oder weltflüchtig. Die Wichtigkeit, sich zu gründen, betont auch die politisch engagierte Journalistin Dorothy Day (1897–1980) aus New York: „Ich möchte mein Leben so nah am Boden verbringen, dass ich nicht tief fallen kann, wenn das System zusammenbricht." Bewundernswert, in welchem Maße Dorothy Day Kontemplation und Aktion zusammenbrachte!
Wenn wir umkehren auf unserem Weg der Selbstbehaup-

tung und Selbstvergewisserung, wird Gott uns dabei unterstützen, sodass unsere Fehler und unsere Unvollkommenheit uns nicht zufällig zu Gott führen, sondern weil es so bestimmt ist. So verläuft auch die Lebensgeschichte aller großen Heiligen. Sie haben der eigenen Dunkelheit und ihrem eigenen Schatten ins Gesicht geblickt, ihr Ego wurde gedemütigt und sie haben daraus gelernt. Sie glauben nicht, besser zu sein als andere Menschen, ja, die Frage nach besser oder weniger gut hat ihre Bedeutung verloren.

Tod und Auferstehung

Neben der Bergpredigt bilden die Gleichnisse den Kern der Lehre Jesu. Einige der wichtigsten Gleichnisse handeln vom Verlieren und Finden: die Gleichnisse vom verlorenen Sohn, dem verlorenen Groschen, dem verlorenen Schaf, dem verborgenen Schatz und dem verborgenen Sauerteig. Jedes Gleichnis beschreibt, dass ein Mensch glaubt, etwas zu besitzen, dann verliert er es, findet es wieder und schließlich feiert er ein großes Fest. Die Botschaft der Gleichnisse ist eindeutig: Ein gewisses Maß an Versagen und Verlust ist unumgänglich. Der Mensch muss etwas verlieren, er muss versagen. Er muss sich einer Sache sicher sein und sie verlieren, um zu erkennen, wie sehr er sie liebt. Jeder kennt diese Erfahrungen. Man weiß so lange nicht, was etwas bedeutet, bis man es verliert. Die Dynamik zwischen Verlust und Finden ist essenziell für den Prozess der Verwandlung. Menschen, die noch im Stadium einer Spiritualität von Vollkommenheit und Aufstieg sind, glauben, sie müssten sich eine moralische Reinheit oder Würde erarbeiten, damit schließlich der Heilige Geist von irgendwo auf sie herabkommt. Sie stellen sich eine göttliche Transzendenz vor, die für die Würdigen erreichbar ist. Doch die Lehre vom Kreuz sagt etwas ganz anderes: Sieg ist nicht die Vermeidung des Todes, sondern der Tod selbst, allerdings der verwandelte Tod. Es geht nicht darum, niemals etwas falsch zu machen, sondern alles, was die Menschen jemals falsch gemacht haben, zu unserem Vorteil nutzbar zu machen. Zu solcher Metamorphose ist Gott fähig. Gott lässt das, was wir kreuzigen, auferstehen und baut auf, was wir zerstören. Dafür braucht Gott Menschen, die diesem Prozess zustimmen. Das ist wahrlich etwas anderes als das Herabkommen des Geistes auf die Vollkommenen.

Der Irrglaube, man könne sich moralische Reinheit und Würde erarbeiten, führt auf einen nicht zu bewältigenden Weg. Wie viele junge Menschen, Novizen, Seminaristen und engagierte Christen, machen sich voller Idealismus auf den Weg. Jesus, Gott und den Nächsten zu lieben ist ihr Ziel. Doch was ist nach 20 Jahren geblieben? Fast alle sind durch ihre Verletzungen an der Liebe gescheitert. Zeigt das nicht überdeutlich, wie wichtig es ist zu lernen, mit seinem Schmerz umzugehen? Darum geht es in der Botschaft vom Kreuz. Nur mit Weisheit und Erleuchtung ist es möglich zu akzeptieren, dass wir nicht mehr alles kontrollieren können, unsere Gesundheit nicht oder Todesfälle in der Familie oder politische Entscheidungen und was wir sonst noch kontrollieren wollen.

Nach der biblischen Botschaft geht es nicht darum, immer besser zu werden und die Gebote einzuhalten. Das kann den Menschen nur anfangs auf die richtige Spur führen. Aber irgendwann in der Lebensmitte muss er aufwachen und erkennen, dass er nicht auf dem richtigen Weg ist, dass er ein schrecklicher Angeber ist und eigentlich niemanden wirklich liebt außer sich selbst. Erst ab diesem Punkt kann man eigentlich von christlicher Spiritualität sprechen. Der Gedanke an eine weiße Weste der Reinheit, wie es sogar in einigen Kirchenliedern heißt, führt zwangsläufig zu Versagen und Heuchelei. Als Mensch Reinheit zu erlangen ist ein unmögliches Unterfangen und Jesus hat niemals dazu ermutigt, es erwartet oder danach gefragt. Dieses Streben geht allein vom Ego aus.

Wenn ich ein Baby taufe, so bete ich immer, dass es das weiße Taufkleid unbefleckt bis ins ewige Leben im Himmel tragen möge. Das ist kein christliches Gebet, aber es gehört zum offiziellen Taufritus. Zur Erstkommunion kleiden wir die Kinder dann wieder in Weiß. Wie weit sind davon die Initiationsriten entfernt. In jedem männlichen Initiationsritus zieht der Junge nicht etwa ein weißes Kleid an. Im Gegenteil: Er zieht sich aus und wälzt sich nackt in der Asche. Davon ist nur das Aschekreuz am Aschermittwoch übrig geblieben. Es stammt von antiken Initiationsriten, in denen der Junge daran erinnert wurde, dass er nicht weiß oder rein, sondern schwarz und somit unrein ist. Selbstverständlich ist das nicht rassistisch gemeint. Aber selbst der Rassismus geht zurück auf die Idealisierung der unbefleckten Jungfräulichkeit und Reinheit – ganz sicher nicht jesuanisch, sondern eine spätere westliche Entwicklung.

Gott ist von Anfang an
mit seiner Schöpfung verbunden
und liebt sie.

Die Bedeutung des Kreuzes

In meinem Buch „Wer loslässt, wird gehalten" beschreibe ich die kontemplative Betrachtung der Lehre vom Kreuz.
Eine zentrale Aussage der franziskanischen Theologie lautet: *crux probat omnia* – das Kreuz beweist alles. Diese Auffassung findet übrigens auch in der lutherischen Theologie Zustimmung.

Richtig verstanden beschreibt diese Weisheit, was zwischen Menschheit und Gottheit in perfekter Freiheit und vollkommener Gnade geschieht. Die Lehre vom Kreuz ist eine wunderbar gute Nachricht. Allerdings hat die Theologie diese gute Botschaft zu einer pragmatischen Problemlösung umgedeutet. Durch das Kreuz wird der eigentlich ablehnende Gott umgestimmt und er öffnet die Himmeltore. Hätte Jesus anders gehandelt, bliebe uns die Liebe des Vaters vorenthalten.

Wir Franziskaner haben nie an eine solche Sühnopfertheologie geglaubt. Nach unserer Lehre war das Kommen Jesu keine Notwendigkeit, er musste keine Probleme im Himmel oder auf der Erde lösen, er hat kein metaphysisches Geschäft mit Gott abgeschlossen, durch das der aufgebrachte Gott entschieden hätte, uns zu mögen. Gottes Meinung musste nicht verändert werden. Gott ist von Anfang an mit seiner Schöpfung verbunden und liebt sie, sagt der mittel-

Jesus hält zusammen:
das Männliche und das Weibliche,
das Gute und das Böse,
das Menschliche und das Göttliche.

alterliche franziskanische Theologe Johannes Duns Scotus (um 1266–1308) in aller Klarheit.

Prominente Fürsprecher einer Opfertheologie sind die

Dominikaner. Sie haben sich schließlich in der Mehrheit durchgesetzt und die Protestanten haben sich später der dominikanischen Ansicht angeschlossen. Die Franziskaner haben immer die Meinung der Minderheit vertreten und sind davon überzeugt, dass Jesus überhaupt nichts verändert hat, aber alles enthüllt. Er enthüllt, dass Gott ungefährlich ist, dass er verletzlich ist, dass er zärtlich ist, dass er kein blutgieriger Tyrann ist. Die Betrachtung Gottes nach juristischen Kriterien ist jedoch so tief verwurzelt, dass es fast zwangsläufig zu der Vorstellung kommen musste, Gott brauche das Blut seines Sohnes, um sich dafür zu entscheiden, uns zu lieben.

Aus diesem Grundgedanken entwickelte sich ein unsägliches und absurdes christliches Glaubenssystem. Die Lehren von der Satisfaktion, der Buße und des Blutopfers stammen sämtlich aus dem jüdischen Gedankengut und ergeben nur für Menschen einen Sinn, die im jüdischen Opferbewusstsein aufgewachsen sind. Uns erscheint ein Gott, der dazu überredet werden muss, uns zu lieben, jedoch als käuflich und damit geht ein wesentliches Element der Schöpfung verloren. Vielleicht erleben wir uns deswegen so oft verloren in der Schöpfung.

Nach der franziskanischen Tradition des Johannes Duns Scotus – er wurde niemals kanonisiert und deshalb besitzt er nicht die Autorität eines Thomas von Aquin (um 1225–1274) – ist der Gekreuzigte das Bild des unsichtbaren Gottes. Diese Auffassung ist unter anderem auf den Kolosser- und den Epheserbrief gegründet, in denen der Gekreuzigte für die große Versöhnung zwischen Menschheit und der Göttlichkeit steht. Jesus ist Mensch und Göttliches; er hält beides in sich selbst zusammen und versöhnt es miteinander. Er lädt den Menschen ein zu dieser Einheit und zu dieser Versöhnung. So versöhnt er durch das Mysterium des Kreuzes alle Dinge mit Gott und mit sich selbst.

Jesus am Kreuz – aufgehängt zwischen Himmel und Erde – hält nicht nur das Menschliche und das Göttliche zusammen, sondern auch den guten und den bösen Dieb links und rechts von ihm (vgl. Lukas 23,39-43), die dem Guten und Bösen in uns entsprechen, und außerdem seinen männlichen Körper und seine eindeutig weibliche Psyche. So wird er zu einem großartigen Mandala der Ganzheit und der Vervollständigung und von allem, was wir nicht zusammenfügen können, sondern immer auseinanderhalten und einander gegenüberstellen. Doch Jesus hält zusammen: das Männliche und das Weibliche, das Gute und das Böse, das Menschliche und das Göttliche.

Die gesamte biblische Tradition, aber auch all unsere persönlichen Gebetserfahrungen, die äußere und die innere Reise aller Menschen – sofern wir dafür aufmerksam sind – führen zum immer gleichen Schluss: Die Geschichte zeigt, wie wir als Instrumente für die Verwandlung dieser Geschichte benutzt werden können. Im Mandala des Kreuzes ist all das zusammengefügt. Der Verstand ist nicht in der Lage, das zu erkennen. Wenn man das Kreuz nach Kriterien der Vernunft und Logik betrachtet, endet man nahezu zwangsläufig bei einer Theorie der Buße: Dem Teufel oder Gott gegenüber muss eine Schuld beglichen werden.

Das Kreuz meint etwas anderes. Weder musste eine Schuld dem Teufel gegenüber beglichen werden, wie es in den ersten tausend Jahren des Christentums gelehrt wurde, noch Gott gegenüber, wie die überwiegende Lehre vor allem der zweiten tausend Jahre behauptet. Ich glaube vielmehr, dass – spirituell und psychologisch gesehen – *uns* gegenüber eine Schuld beglichen wurde. Wir sollten erkennen, wie Gott wirklich ist. Gott musste als verletzlicher Mensch auf die Erde kommen, damit wir ihn nicht länger fürchten.

Die Weltreligionen zeigten in ihrer Vergangenheit – und zeigen auch heute noch oft – Gott fast nie als liebenswert. Er war Tyrann und Diktator, er nutzte sein Volk aus, verlangte den Tod der jungfräulichen Töchter und der erstgeborenen Söhne. Die Geschichte von Abraham, der bereit ist, seinen Sohn Isaak zu opfern, konnte nur weitererzählt

Sich selbst zu vergeben
ist eine der schwersten Herausforderungen
für den Menschen.

werden, weil Gott im Glauben der Menschen als absoluter Herrscher gesehen wurde, der über alles verfügt, auch über das Leben.

Mittlerweile sind wir in unserer Fähigkeit und unserem Bewusstsein so weit gewachsen, dass wir eine persönliche Beziehung zu Gott eingegangen sind, einem Gott, der uns mehr liebt, als wir selbst es können, einem Gott, der uns besser kennt, als wir uns selbst kennen können, einem Gott, der uns leichter vergibt, als wir uns selbst vergeben können. Sich selbst zu vergeben ist eine der schwersten Herausforderungen für den Menschen. Nur ganz tief in uns lässt sich der Brunnen des Mitgefühls finden, aus dem wir Vergebung schöpfen und sie uns selbst und einander in aller Großzügigkeit schenken können.

Auch das Bild von der allumfassenden Großzügigkeit ist auf einzigartige Weise durch das Kreuz veranschaulicht. Das Johannesevangelium fordert auf, auf den zu blicken, ja, ihn zu bestaunen, den wir ans Kreuz genagelt haben (vgl. beispielsweise Johannes 19,37). Damit ist die mystische, kontemplative Schau gemeint, die uns einfach nur ständig hinsehen lässt. Am Grunde dieser Schau erkennen wir: Wenn Gott tatsächlich so ist, dann hat alles seine Ordnung. Es gibt nichts, wovor wir uns fürchten müssten. Wir haben Anteil an der Wahrheit Gottes.

Nahezu alle Religionen und Kulturen kennen die Notwen-

Gott ist in allen Dingen zu finden,
ganz besonders im Schmerz,
in der Tragik und in der Sünde.

digkeit, Blut zu vergießen, um zu Gott zu gelangen. Auf jedem Kontinent finden sich Opferrituale mit Menschen oder Tieren, immer krochen Menschen auf Knien vor ihrem fordernden tyrannischen Gott. Immer musste Blut vergossen werden. Darin zeigt sich wieder der tief im Menschen verankerte prometheische Instinkt: Nur wer etwas leistet und bereit ist, Opfer zu bringen, nur wer etwas opfert und Blut vergießt, wird von Gott angenommen. Jesus aber sieht Gott in einem anderen Licht. Er propagiert eine Religion der Gnade und nicht eine Opferreligion.

90 Prozent der Wirtschaft von Jerusalem hatten zu Jesu Lebzeiten mit dem Kauf, Verkauf und der Schlachtung von Opfertieren zu tun. Priestersein bedeutete, an den großen Festtagen vom Morgengrauen bis zum Sonnenuntergang Ochsen, Färsen, Ziegen und Lämmer zu töten. Listen nennen die unvorstellbaren Zahlen: 10.000 Färsen, 10.000 Ochsen usw.! Was wäre das für ein Gott, der so etwas nötig hätte? Selbst die Bibel findet klare Worte gegen solche Vorstellungen. Gott sagt sinngemäß: „Ich halte mir die Nase zu, weil es stinkt.“ (3. Mose 26,31) In der Tat, ein solcher Opferglaube stinkt zum Himmel! Und wir glauben ernsthaft, das könnte einen wütenden, gefährlichen Gott besänftigen?

Jesus macht aus niemandem ein Opfer. Er fordert nicht irgendjemandes Blut. Er gibt sein eigenes Blut. Daher rührt das ausgeprägte Sprechen vom Blut innerhalb des Katholizismus. Logischem Denken ist solches Sprechen nicht zugänglich, solches Sprechen beschreibt Archetypen. Erst in kontemplativer Schau erschließt sich das Geheimnis. Dann verstehen wir, dass das Mysterium von Tod und Auferstehung, das Jesus enthüllt, nicht irgendwo stattfindet oder irgendwann stattgefunden hat, sondern in unserem Inneren und überall im gesamten Universum geschieht. So wird die Liebe zu Jesus möglich.

Die Lehre vom Kreuz besagt, dass Gott in allen Dingen zu finden ist, überraschenderweise sogar und ganz besonders im Schmerz, in der Tragik und in der Sünde. Jesus wurde zum Zeichen für den Schmerz, die Tragik und die Sünde, also von allem, was wir hassen, meiden und wovor wir flüchten. Aus dem Schlimmsten in der Welt macht er die Erlösung der Welt. Es gibt also nichts, was nicht verwandelt werden könnte.

Die Kreuzigung des Gottessohnes ist – symbolisch gesprochen – zugleich der schlimmste und beste Augenblick der Geschichte. Wenn erst einmal das Schlimmste zum Besten wird, dann ist kein Platz mehr für die Opferrolle oder endgültige Niederlagen. Das ist die zentrale Bedeutung von Ostern: Der Tod ist besiegt. Wenn der Tod überwunden werden kann, dann kann alles überwunden werden. Wir sehen nur die Endgültigkeit des Todes, doch in Wahrheit gibt es keine Endgültigkeit des Todes.

Das menschliche Leben ist nicht frei von Widersprüchen, selbst wenn sich nach Kriterien der Logik denkende Menschen das wünschen. Ein Versuch, diese Spannung zwischen Anspruch und Realität aufzulösen, ist der Atheismus. Atheismus ist ein Phänomen der gebildeten westlichen Kultur; in Indien etwa gibt es keinen Atheismus. Atheismus ist keine Einstellung oder Überzeugung der Armen, sondern derjenigen, die in ihrer Gedankenwelt leben. Wenn solche „Denker" die vollkommene Widerspruchslosigkeit nicht finden, lehnen sie sich häufig gegen das ganze System auf oder geben es gänzlich auf.

Vom Atheismus ist der Agnostizismus zu unterscheiden. Atheismus als Überzeugung, dass es keinen Gott gibt, ist nicht zu beweisen. Dagegen ist Agnostizismus weniger eine Überzeugung, sondern eher eine Lebenseinstellung – eine in meinen Augen durchaus nachvollziehbare Einstellung, die das eigene Nichtwissen zugibt.

Eine weitere Weltsicht sieht nur Chaos und keine Ordnung, keine Strukturen und keine Bedeutung. Die Begriffe Postmoderne oder Dekonstruktion stehen für diese Einstellung. Menschen aus den 70er Jahrgängen des 20. Jahrhunderts sind fast ausnahmslos im Geist einer postmodernen Weltanschauung aufgewachsen. Sie erwarten nichts Rationales oder Logisches, außer wenn sie selbst aktiv werden. Das hat einen totalen Selbstbezug zur Folge: Ich muss die Welt

Ein Mensch wird gekreuzigt,
wann immer er versucht,
zwei widerstreitende Kräfte
zusammenzuhalten.

erklären, ich muss sie reparieren, ich muss sie verstehen, ich bin für alles zuständig, weil dort draußen niemand ist, der alles zusammenhält. Die Dekonstruktion geht also davon aus, dass es keine Metaerzählung gibt.

Dem halte ich entgegen: Es gibt sehr wohl eine Metaerzählung, und zwar das Mysterium des Leidens, nämlich Tod und Auferstehung. Beides gehört zusammen, das sagen alle Religionen und alle Initiationsriten. Leben ist nur im ewigen Kreislauf von Tod und Auferstehung möglich. Wer versucht, nur durch die Auferstehung zu leben, wird ebenso Schiffbruch erleiden wie derjenige, der nur bei Leid und Tod ist. Tod und Auferstehung bedingen sich gegenseitig.

Das Kreuz symbolisiert den Zusammenprall von Gegenteilen. Die Welt ist weder absolute Einheitlichkeit noch absolutes Chaos. Dieses Aufeinandertreffen von Gegensätzlichem lässt sich auch in der Geometrie des Kreuzes erkennen. Man kann sich das Kreuz als aus zwei einander entgegengesetzten Kräften bestehend vorstellen. Jesus hängt an diesen beiden sich widersprechenden Kräften.

Nach der Einsicht des Franziskaners Bonaventura wird ein Mensch gekreuzigt, wann immer er versucht, zwei widerstreitende Kräfte zusammenzuhalten. Wer zwischen zwei politischen Gruppen, den Liberalen und den Konservativen, oder zwischen Männern und Frauen eine Brücke schlagen will, wird als jemand wahrgenommen, der auf keiner Seite

Der Tod ist – so paradox es scheinen mag – der große Lehrer des Lebens.

steht. Beide Seiten werden ihn als Häretiker, Sünder, Außenseiter oder Verlierer betrachten. Das meint Jesus mit den Worten: „Wenn ihr mir nachfolgt, wird die ganze Welt euch hassen.“ (Markus 13,13)

Der Pfad der Nachfolge ist schmal. Es ist eine Berufung, sich auf das Mysterium des Kreuzes einzulassen, es zu leben und sich davon verwandeln zu lassen, um so zum Werkzeug der Verwandlung für andere zu werden. Der Preis, den wir zahlen, wenn wir Gegensätze zusammenhalten wollen, ist immer eine Art der Kreuzigung. Der Heilige Augustinus erkennt diesen Zusammenhang im Mysterium der Passion.

Das wahre Leben entsteht erst durch die Reise in den Tod und durch diese Reise in den Tod erkennen wir, wer Gott für uns und in uns und mit uns ist. Nach meiner Überzeugung können wir Gott ausschließlich durch diese Reise in den Tod erkennen. Wir können ihn nicht erfahren, indem wir ein Buch lesen. Wer sich hingegen auf den Tod eines anderen Menschen einlässt, kann Gott und das große Ganze finden. Ein deutliches Beispiel ist die Hospizbewegung, die sich in den vergangenen 25 Jahren weithin etabliert hat. Die Menschen, die sich dort engagieren, finden oft zu großer Weisheit und selbst wenn sie erst unterwegs sind auf ihrer inneren Reise, vermögen sie doch, sich einem Sterbenden und seinen Angehörigen ganz zuzuwenden,

ganz da zu sein, den Gegensatz zwischen Leben und Tod auszuhalten und dem Tod sein Recht im Leben zu lassen.
Die Welt ist so eingerichtet, dass der Tod in jedem Leben seinen ganz normalen Platz hat. In den Mehrgenerationen-
familien, die ich in Indien kennengelernt habe, ist der Tod etwas ganz Natürliches. Die Familie geleitet die Groß- oder Urgroßeltern und überhaupt jedes sterbende Familienmitglied in und durch den Tod. Danach haben alle etwas gelernt. Ich erinnere mich an den Tod meiner Eltern; danach war ich ein anderer Mensch.
Natürlich löst der Tod eines geliebten Menschen Bitterkeit und Rebellion aus. Doch der Tod ist – so paradox es scheinen mag – der große Lehrer des Lebens. Solange wir das Leben nicht verlieren, können wir es nicht finden und erst dann erkennen wir, dass wir es die ganze Zeit hatten, aber nicht realisiert haben, wie wertvoll und wunderschön es war. Das erkennen wir erst, wenn das Leben im Alter allmählich unserem eigenen Körper oder jemandem weggenommen wird, den wir lieben. Menschen, die ein Kind verloren haben, stehen vor einem noch viel größeren Paradoxon: Sie müssen ihr eigenes Kind begraben und das stellt den natürlichen Ablauf auf den Kopf, nach dem die jüngere Generation die ältere zu Grabe tragen muss und nicht umgekehrt. Doch diese Menschen gelangen sehr oft an den Ort der Erleuchtung.

Wahre Spiritualität in der zweiten Lebenshälfte ereignet sich im Loslassen. Die Hälfte des Lebens ist der Tod; er war es immer und wird es immer sein. Alles ist endlich, wie es

das buddhistische Prinzip der Vergänglichkeit besagt.

Der 11. September 2001 markiert einen tiefen Einschnitt in der Psyche Amerikas. Lange Zeit wähnte sich Amerika unverwundbar. Umso schockierender war es, derart grausam mit dem Tod konfrontiert zu werden. Durch diese Tode wurden viele Amerikaner in den Monaten nach diesem Tag verwandelt. Bis zum November war zu spüren, dass das ganze Land sich an der Schwelle zum Neuen befand, wo alles geschehen kann. Doch dann kehrte der Alltag zurück mit seinen Unterteilungen in Gut und Böse, mit all seinen Schuldzuweisungen und Ängsten. Dort geschieht nichts Neues mehr.

Die jesuanische Spiritualität

Die eine Hälfte des Lebens besteht aus der Erfahrung des Loslassens, Sterbens und Verlierens, die andere Hälfte dagegen ist reines Glück, ist Verzückung, Auferstehung und ewig neues Leben. Wie traurig, dass wir es nicht genießen können, wenn wir nicht davon kosten können. Wahre Spiritualität ist nicht stoisch, sie rümpft nicht die Nase über

Wahre Spiritualität rümpft nicht die Nase über Essen und Trinken und redet das Schöne nicht schlecht.

Essen und Trinken, redet das Schöne nicht schlecht und sieht das Gute nicht durch eine mit Überheblichkeit oder falscher Demut dunkel gefärbte Brille. Die Freude ist überall zu finden und wenn sie uns angeboten wird, dann sollen wir sie kosten und genießen. Wie unattraktiv ist ein Christentum, das immer nur ablehnt. Ein solches Christentum kann sich kaum auf Jesus berufen. Jesus war gewiss kein Puritaner. Bei der Hochzeit zu Kana (vgl. Johannes 2,1-12) hat Jesus bis zum Ende der Feier 500 Liter Wein gemacht! Immer wieder spricht Jesus von rauschenden Festen der Einheit mit Gott und sucht nach immer neuen Bildern für diese Verzückung.

Unsere Theologie der Körperlichkeit und Sexualität ist absolut ärmlich. Die fatalen Folgen: Wir vergewaltigten diese schöne Erde, weil wir die rauschhafte Schönheit eines Grashalms nicht sehen können. Stattdessen verschmutzen und zerstören wir die Welt. In einem zur Maßlosigkeit verkommenen Opferkult konnten wir täglich 10.000 Färsen und Ochsen töten, weil wir die Tierwelt nicht als Teil von Gottes Schöpfung sehen.

Die göttlichen Bilder haben wir in maßlosem Egoismus immer nur auf den Menschen bezogen und selbst den Menschen und das Göttliche in ihm verlieren wir – kaum verwunderlich – zunehmend aus dem Blick. Man kann Menschen verschleißen und umbringen, besonders dann, wenn

Jesuanische Spiritualität umfasst immer auch das Gebrochene, Beschädigte und Ärmliche.

sie nicht „würdig“ sind. Wie oft heißt es in den Fernsehnachrichten, es seien wieder unschuldige Menschen ums Leben gekommen. Als ob nur das unschuldige Leben es wert wäre,

beschützt zu werden! Gott schützt jedes Leben, auch das schuldige! Sogar der über Jahrzehnte als Inbegriff des Bösen geltende Saddam Hussein ist Ebenbild Gottes. Das heißt nicht, dass wir Verbrechen einfach hinnehmen sollten, aber die Unterteilung und Trennung in ein Hier und ein Dort, in Katholiken und Protestanten, in Amerikaner und Kommunisten, in Unschuldige und Schuldige sind nur Kategorien des Egos. Sie zeigen, dass wir noch immer nicht erkannt haben, dass das Gute, dass Gott, dass das große Ganze überall zu finden ist.

Immer wenn ich bei Menschen falsche moralische Empörung sehe, Intoleranz, Paranoia oder eigennützige Kreuzzüge gegen Homosexuelle und andere „Sünder“ jeder Art, dann weiß ich: Das hat nichts mit dem Evangelium zu tun. Dem liegt – wenn man in diesem Zusammenhang überhaupt von Spiritualität sprechen kann – prometheische Spiritualität zugrunde, die kaum besonders hilfreich ist.

Ebenso wenig auf das Evangelium kann sich die Utopie berufen, alles werde immer besser. Bis zum Ende des Jahrhunderts werden wir die meisten Krankheiten besiegt haben. Wenn alle Kulturen unseren Stand erreicht haben, wird es keine Kriege mehr geben. So denkt die westliche

Philosophie des Fortschritts, aber nicht das Evangelium. Die Lehre des Kreuzes besagt, dass es noch am letzten Tag der Menschheitsgeschichte Ungerechtigkeit geben wird. Immer werden Menschen verletzt werden, leiden und sich gegenseitig Leid zufügen. Das Evangelium ist erschreckend realistisch. Wir sind gefangen in Tod und Auferstehung. Aber – und deshalb ist die Botschaft „frohe" Botschaft – dort werden wir Gott finden, dort wird das Mysterium aufgedeckt.

Auch heldenhafter Idealismus, wie man ihn vor allem bei jungen Männern sieht, trifft nicht den Kern des Evangeliums. Jesuanische Spiritualität umfasst immer auch das Gebrochene, Beschädigte und Ärmliche. Solange wir uns nur an den jungen und dynamischen Erfolgreichen orientieren, verfehlen wir die Wahrheit.

Prometheische Spiritualität will das Problem lösen und damit beseitigen. Jesus geht einen anderen Weg: Er schließt das Problem nicht aus der Lösung aus. Er kämpft dafür, dass alle gewinnen. Zwar nennt er den Mangel an Erleuchtung bei den Schriftgelehrten und Pharisäern klar beim Namen, niemals aber schließt er sie vom Heil aus. Er misstraut jeder ungerechten „Lösung", bei der nur einer gewinnt. Das Evangelium beschreibt einen dritten Weg: weder Kampf noch Flucht, sondern ein bisschen von beidem – gerade so viel Flucht, dass man sich von überschwänglichen Gefühlen distanzieren kann, und gerade so viel Kampf, dass man dem Problem mutig entgegentreten kann. Weder Kampf noch Flucht führt zu Gott und zum Selbst des Menschen, sondern nur der dritte Weg. Und dieser dritte Weg ist der Weg des wahren Abstiegs, der paradoxerweise den wahren Aufstieg umfasst.

Wer liebt, was Gott liebt, nämlich das Gute und das Böse, und wer bereit ist, den Preis für die Versöhnung in sich selbst zu bezahlen, der ist wahrer Nachfolger Jesu. Sich in die Nachfolge Jesu zu begeben heißt nicht, getaufter Christ zu sein, wohl aber, bereit zu sein, aus dem gleichen Kelch zu trinken, aus dem Jesus trinken muss. Menschen, die dazu bereit sind, finden sich überall auf der Welt, in allen Kulturen und allen Religionen.

Nach der Botschaft Jesu will sein Vater im Himmel, dass die Menschen das Kreuz von Tod und Auferstehung tragen und sich davon belehren und verwandeln lassen. Für Menschen, die dazu bereit sind, verwendet Jesus in seinen Gleichnissen die symbolischen Worte Sauerteig, Überrest, Salz und Senfkorn. Es geht Jesus nicht um eine welterobernde Christenheit. Wohl sendet er seine Jünger aus, um die Botschaft allen Völkern zu verkündigen – nicht nur den einzelnen Menschen, sondern auch den Nationen –, jedoch nur, damit die Religion nicht länger auf Angst, Hass und Totschlag basiert.

Wer das Gute und das Böse liebt
und bereit ist, den Preis für die Versöhnung
in sich selbst zu bezahlen,
der ist wahrer Nachfolger Jesu.

Diese Botschaft ist für die ganze Welt bestimmt und nicht nur für einen exklusiven Klub, der nicht ohne weiteres jedem offensteht. Zu solch einem Klub haben wir die Religion jedoch leider allzu oft gemacht – und dabei den Kern der Botschaft und der Verwandlung verfehlt. Selbst wenn Jesus weiß, dass diese Botschaft der ganzen Welt gilt, ist er in seinen Erwartungen bescheiden: Salz, Überrest, Senfkorn, Sauerteig. In einem Gleichnis spricht er sogar vom mit Mehl vermengten Sauerteig – der Sauerteig ist also noch nicht einmal mehr wirklich sichtbar (vgl. Matthäus 13,33). Paulus erreichte in Kleinasien vielleicht drei oder vier Gemeinden mit jeweils 30 bis 40 Menschen. Und trotzdem wagt er zu behaupten, Kleinasien sei evangelisiert! Der Gedanke, jeder Mensch müsse zu dem „Klub" gehören, war ihm fremd. Der „Überrest" von drei wahrhaft glaubenden Menschen, die wissen, wer sie sind, und die aus der Einheit mit Gott leben, genügt, um die Welt von ihrem Weg in die Selbstzerstörung abzuhalten.

Die Nützlichkeit

Viele von uns sind dazu berufen, für Gott nützlich zu sein. Mit Nützlichkeit ist nicht gemeint, gleich einem Propheten oder Straßenprediger der Welt irgendwelche Botschaften

Allein die Liebe sieht,
die Liebe aber
ist die Teilhabe an Gottes Wesen.

zu überbringen. Menschen, die der göttlichen Berufung folgen, heilen, verwandeln und verändern Leben einfach dadurch, dass sie tun, was sie tun. Sie stellen sich in ihrem Tun zur Verfügung und lassen geschehen, was geschieht, so wie Maria sich in Dienst hat nehmen lassen.

Menschen, die der göttlichen Berufung folgen, müssen nicht in der Kirche arbeiten. Vielleicht ist ihr Platz in irgendeinem Großkonzern und allein durch ihre Arbeit sorgen sie dafür, dass in ihrer Abteilung die Verwandlung beginnen kann. Wenige Menschen genügen, um die Welt von ihrem Weg zu immer mehr Gier, Gewalt und Selbstzerstörung abzuhalten. Gott braucht als Werkzeuge nur einige Menschen, die gewillt sind, dem Tod als Teil des Lebens nicht auszuweichen und sich von der Auferstehung verwandeln zu lassen. Man könnte sie als „gerettet" bezeichnen, treffender sind jedoch die Begriffe „erwählt" oder „in Dienst genommen". Sie treten in die wunderbare Beziehung zu Gott ein, um seine Ebenbilder zu sein, wie der Theologe, Psychologe und geistliche Autor Henri Nouwen (1932–1996) formuliert.

Gott denkt nicht in Kategorien von Klubzugehörigkeit und er sieht die Menschen auch nicht als unterwürfige Diener oder Sklaven, sondern als seine Ebenbilder. In diesem Blick liegt kein Vollkommenheitsanspruch. Niemand ist vollkommen. Ich etwa bin nur ein Mund, außer Sprechen kann ich nicht viel tun. Aber genau das ist gut und richtig. Wir können nur herausfinden, was wir sind, und tun, was wir können, denn mehr können wir Gott nicht zurückgeben.

Viele Menschen, ganz offiziell getauft, lehnen es ab, aus dem Kelch zu trinken, aus dem Jesus trinkt, oder so getauft zu werden, wie Jesus getauft wurde – sie verweigern den Pfad des Abstiegs. Andere, die formal gesehen nicht zur Kirche gehören, haben das Mysterium des Leidens und der Freude Gottes gelebt und leben es heute: Mahatma Gandhi (1869–1948), Simone Weil (1909–1943), Etty Hillesum (1914–1943), Nelson Mandela (geb. 1918) und viele andere. Sie tragen die Liebe Gottes in sich und sie tragen sie in die Welt.

Allein die Liebe sieht, die Liebe aber ist die Teilhabe an Gottes Wesen. Innerhalb dieses Wesens können wir sehen. Ein Weg, zu dieser liebenden Teilhabe zu gelangen, ist die Kontemplation.

Von Albert Einstein (1879–1955) stammt der Satz: „Ein Problem kann nicht auf derselben Bewusstseinsebene gelöst werden, auf der es entstanden ist.“ Kontemplation ist eine andere Bewusstseinsebene. Unser Verstand will reparieren, kontrollieren, verstehen, definieren, trennen und erklären und ist deshalb für die Aufgabe der Kontemplation nicht geeignet.

Auch die Kontemplation ist ein Weg des Abstiegs. Diesen

Wer innerhalb des großen Mysteriums leben kann, verfügt über die Macht eines verwandelten Menschen.

Weg zu gehen bedeutet, den kleinen Verstand loszulassen, sodass man die Wirklichkeit gleichsam mit einem zweiten Paar Augen betrachten kann.

116 Wer aber innerhalb des großen Mysteriums leben kann, ist nützlich. Er geht in die Welt und macht sie weniger schrecklich. Er macht sie nicht perfekt, aber Arme werden geheilt und das Bewusstsein der Menschen wird verändert und Menschen, die die Liebe nicht kannten, können lieben, weil sie sehen, dass Liebe möglich ist. Wer innerhalb des großen Mysteriums leben kann, verfügt über die Macht eines verwandelten Menschen, der aus dem Weg des Abstiegs einen Weg des uneingeschränkten Aufstiegs macht, nicht nur für sich selbst, sondern für viele.

Richard Rohr bei Claudius

Vom wilden Mann zum weisen Mann

216 S., Paperback
ISBN 978-3-532-62334-3

Endlich Mann werden

Die Wiederentdeckung der Initiation

240 S., Paperback
ISBN 978-3-532-62325-1

Befreiung vom Ego

Wege zum wahren Selbst

140 S., Paperback mit Lesebändchen
ISBN 978-3-532-62382-4

Richard Rohr bei Claudius

Nur wer absteigt, kommt auch an

Die radikale Botschaft der Bibel

120 S., Hardcover mit Lesebändchen
ISBN 978-3-532-62387-9

Wer loslässt, wird gehalten

Das Geschenk des kontemplativen Gebets

176 S., Paperback
ISBN 978-3-532-62263-6

Vom Glanz des Unscheinbaren

Franziskanische Spiritualität

96 S., Paperback
ISBN 978-3-532-62349-7

Hiobs Botschaft

Vom Geheimnis des Leidens

224 S., Paperback
ISBN 978-3-532-62250-6

Richard Rohr
Andreas Ebert

Das Enneagramm

Die 9 Gesichter der Seele

360 S., Paperback
ISBN 978-3-532-62395-4

claudius

www.claudius.de